THE TRADER'S GOSPEL

Esra S.

THE TRADER'S GOSPEL

ISBN: 9789090422169

DÉDICACE

À mon père.
À celui qui m'a donné la vie, et à Celui qui m'a appris comment la vivre.
Visible et invisible, proche et éternel.
Et à ceux qui m'ont instruit sans jamais savoir qu'ils le faisaient.
À tous ceux qui ont soif de vérité et aspirent à la sagesse.
.

TABLE DES MATIÈRES

REMERCIEMENTS

À mon Sauveur, Jésus-Christ, pour la soif de chercher et la patience de demeurer.

« Vous me chercherez, et vous me trouverez, lorsque vous me chercherez de tout votre cœur. »

(Jérémie 29 :13).

PARTIE I : Une illusion de la sécurité

INTRODUCTION

Ne t'a-t-on jamais dit la vérité sur l'argent et la richesse ?
Probablement pas.
La vérité est rarement confortable.

Beaucoup d'hommes et de femmes vivent aujourd'hui avec un malaise diffus, difficile à formuler, mais profondément ancré : quelque chose ne tourne pas rond dans leur relation à l'argent. Ils travaillent, parfois dur, parfois bien. Ils suivent le parcours attendu, respectent les règles, cochent les étapes. Et pourtant, la tranquillité promise ne s'installe jamais vraiment. La paix demeure conditionnelle. La sécurité paraît fragile, suspendue à un versement mensuel ou à une signature qu'ils ne maîtrisent pas entièrement.

On leur a enseigné qu'il existait une voie unique vers la stabilité financière : étudier sérieusement, obtenir un bon diplôme, vendre son temps contre un salaire fiable, accéder au crédit, accumuler patiemment.
Ce modèle n'est pas absurde. Il a fonctionné dans certains contextes, et fonctionne encore dans des cas

précis. Mais croire qu'il est universel, sûr et suffisant dans le monde actuel est une erreur coûteuse.

Mon parcours commence en Europe, dans un environnement scientifique exigeant, du lycée à un cursus universitaire prestigieux. Un environnement où l'approximation n'a pas sa place. On n'y avance ni à l'intuition floue ni au ressenti, mais par la démonstration, la méthode et la rigueur intellectuelle. On y apprend la discipline, la répétition, l'humilité face à l'erreur, et le respect du réel. C'est là que s'est développée chez moi une affinité profonde avec les probabilités. Non pas le hasard vague, mais la science de l'incertitude : ses structures invisibles, ses asymétries, ses lois implicites. J'y ai compris une chose essentielle : l'incertain n'est pas un ennemi. C'est un territoire. Un territoire que l'on peut ignorer, subir… ou apprendre à naviguer.

Le monde n'est pas linéaire. Il est probabiliste. Des trajectoires parfaitement logiques peuvent être brisées par des événements rares mais décisifs. Ceux qui refusent cette réalité ne l'évitent pas. Ils finissent par en payer le prix.

Avant même la finance, j'ai appris à faire dialoguer deux univers que l'on oppose trop souvent à tort : la sagesse biblique et la pensée rationnelle. J'ai découvert qu'ils ne se contredisaient pas, mais qu'ils convergeaient. La Bible n'est pas un recueil d'abstractions spirituelles déconnectées du réel. Elle parle de temps, de dette, de prudence, de diversification, de discipline et de transmission. La science, elle, mesure ce que la sagesse a nommé depuis longtemps. La finance est alors apparue comme un terrain d'application naturel. Un laboratoire à ciel ouvert où se rencontrent le risque, le temps, la psychologie, la rareté et la décision. Les salles de marchés m'ont enseigné une vérité brutale mais salutaire : le marché ne récompense ni l'idéologie, ni les discours, ni les bonnes intentions. Il récompense la discipline, la lucidité, la gestion du risque et la capacité à survivre à l'erreur.

Je suis trader. Un étudiant des probabilités, éprouvé dans le réel des marchés.
Ce livre n'est pas né d'un rejet du travail, ni d'une fascination pour l'argent. Il est né d'un constat simple et inquiétant : beaucoup de vies sont financièrement fragiles sans le savoir.

Fragiles parce qu'elles reposent sur un revenu unique.
Fragiles parce qu'elles confondent dette et richesse.
Fragiles parce qu'elles assimilent épargne et sécurité.
Fragiles parce qu'elles n'ont jamais été pensées pour l'incertitude.

Mon intention est simple, mais exigeante : te donner des clés pour reconnaître ces fragilités et commencer à bâtir autre chose. Non pas un fantasme de liberté instantanée, mais une architecture robuste. Une structure capable d'absorber les chocs, de résister au temps, et de te rendre progressivement maître de ton agenda et de tes choix. Ce que l'on appelle aujourd'hui la liberté financière.

Ce que je te propose ici, c'est de prendre ce que j'ai appris dans le réel, de l'adosser à une sagesse millénaire, et de t'en faire une route possible. Sans fard. Sans mythes. Sans promesses creuses.
Avec exigence, mais avec espérance. Racheter ton temps n'est pas une utopie. C'est une décision. Puis une discipline.

Si tu es prêt, on commence.

CHAPITRE 1: LA SÉCURITÉ TROMPEUSE DU SALARIAT

Verset : « Telle voie paraît droite à un homme, mais son issue, c'est la voie de la mort. » Proverbes 14:12

Parabole : Le salaire en retard
« Un homme vivait au rythme d'un salaire versé avec régularité à chaque fin de mois. Pour lui, ce revenu mensuel était une muraille protectrice, aussi solide qu'une forteresse. Chaque matin, il se levait avant l'aube pour vendre son temps et ses compétences à un maître prospère, établi depuis des générations.

Il n'avait pas choisi son chemin par hasard. Dès l'enfance, son père lui avait appris qu'un homme devait chercher un travail respectable, intellectuellement valorisant, reconnu par les autres. « Apprends bien, trouve un bon métier, et tu n'auras jamais à t'inquiéter », lui répétait-il. Il avait suivi ce conseil avec sérieux. Il avait étudié, obtenu les diplômes attendus, et trouvé une place enviable aux yeux de beaucoup.

Son statut social, la nature de son travail, et la solidité apparente de son employeur formaient, dans son esprit, une triple garantie. L'entreprise existait depuis longtemps, traversait les époques sans vaciller, et employait des hommes comme lui depuis des décennies. Tout semblait indiquer que le risque appartenait au passé, ou aux autres.

Il n'était ni paresseux ni imprudent. Il travaillait consciencieusement, respectait les règles, et se disait que tant qu'il honorait sa part du contrat, la vie suivrait son cours. Les projets plus audacieux pouvaient attendre. L'essentiel était d'avoir sécurisé l'essentiel.

Un mois pourtant, le salaire n'arriva pas au jour prévu.

D'abord, il n'y vit qu'un contretemps. Après tout, la machine avait toujours fonctionné. Mais les jours passèrent, et avec eux s'installèrent une inquiétude sourde et une tension nouvelle. Le loyer approchait. Les dépenses courantes continuaient. Il réalisa alors qu'il n'avait aucune autre source à laquelle se raccrocher.

Lorsqu'il alla demander des explications, on lui répondit que la vente tardait, que les paiements viendraient plus tard. Rien de grave, disait-on. Mais sur le chemin du retour, une pensée le frappa : malgré son travail respectable, malgré son statut, malgré la solidité supposée de l'institution qui l'employait, toute sa tranquillité reposait sur une promesse extérieure qu'il ne contrôlait pas.

Cette nuit-là, il dormit mal. Pour la première fois, il comprit que la muraille qu'il croyait solide n'était peut-être qu'une construction mentale, héritée autant de l'enseignement de son père que des certitudes de son époque.

Au bout de quelques jours, le salaire finit par être versé. Le soulagement fut immédiat. Les factures purent être réglées. Le quotidien reprit son cours. Aux yeux des autres, rien n'avait changé.

Mais en lui, quelque chose s'était fissuré.

Là où il voyait une citadelle imprenable, il n'avait trouvé qu'un mur fragile, dépendant d'un flux qu'il ne maîtrisait pas. Et sans le formuler clairement, une pensée commença à s'installer :
il faudrait quelque chose de plus solide.
quelque chose qui ne puisse pas être retardé.
quelque chose qui garantirait enfin la sécurité.

Sans le savoir, il venait de planter la graine de ses choix futurs. »

Le salariat n'est pas un problème.
Historiquement, c'est même l'un des mécanismes les plus efficaces jamais inventés pour organiser le travail, répartir les compétences et structurer des sociétés entières. Il a permis à des familles de s'élever, à des individus de se former, d'accéder à un statut, parfois même à une forme de dignité.

Le problème commence lorsque le salariat cesse d'être un outil pour devenir une fondation.

Ce que beaucoup appellent "sécurité" n'est souvent qu'une habitude prolongée. Le salaire tombe chaque mois. Les factures sont payées. La vie s'organise autour de cette régularité. À force de répétition, cette continuité est interprétée comme une garantie. On confond le passé stable avec l'avenir certain.

En finance, on appelle cela une extrapolation naïve : croire que ce qui a fonctionné hier fonctionnera demain, simplement parce que cela a toujours été le cas jusqu'ici. Le marché sanctionne cette erreur sans pitié. La vie réelle le fait plus lentement, mais tout aussi sûrement.

La fragilité du salariat ne réside ni dans le niveau du salaire, ni dans le prestige du poste, ni même dans la réputation de l'employeur. Elle réside dans une réalité plus simple et plus brutale : la dépendance à une source unique.

Une vie bâtie sur un seul flux est structurellement vulnérable. « Peu importe » la hauteur de ce flux. QPeu importe » son ancienneté. « Peu importe » celui qui l'alimente. Lorsqu'un système repose sur un pilier unique, la question n'est jamais de savoir *si* ce pilier peut céder, mais *quand*, et avec quelles conséquences.

Ce qui rend cette vulnérabilité particulièrement dangereuse, c'est son invisibilité tant que tout fonctionne. Le risque n'est pas progressif. Il ne prévient pas. Il se manifeste par rupture : licenciement, restructuration, maladie, crise sectorielle, changement de manager, choc macroéconomique. L'événement importe peu. Ce qui compte, c'est l'absence d'alternative au moment où il survient.

La parabole du salaire en retard n'est pas une histoire de pauvreté.
C'est une histoire de dépendance.

L'homme n'est pas en difficulté parce qu'il gagne peu, mais parce que toute sa vie est suspendue à un seul versement. Lorsque ce versement tarde, ce n'est pas seulement l'argent qui manque. Le loyer, la nourriture, la paix familiale, la dignité personnelle : tout est relié au même flux. C'est là que la muraille imaginaire s'effondre.

Le plus pervers dans cette illusion de sécurité, c'est qu'elle est renforcée par le statut. Plus le travail est qualifié, intellectuel, valorisé socialement, plus la confiance est grande. On se croit indispensable. On croit l'institution solide. On pense le poste protégé.

C'est une erreur classique : confondre valeur perçue et robustesse structurelle.

Les marchés regorgent d'actifs jugés inattaquables… jusqu'au jour où ils cessent brutalement de l'être. Les individus ne sont pas différents. La compétence protège partiellement. Le statut rassure. Mais aucun de ces éléments n'annule la logique fondamentale : une source unique reste une source unique.

La sagesse biblique ne condamne pas le travail.
Elle condamne l'illusion, de tout reposer sur celui-ci.

Elle ne reproche pas à l'homme de bâtir, mais de croire que son édifice est invulnérable. « Dans son imagination, c'est une haute muraille. » Le mot est essentiel : *dans son imagination*. La muraille n'est pas réelle. Elle est mentale.

C'est ici que commence le premier déplacement intérieur.
Il ne s'agit pas de quitter son emploi.
Il ne s'agit pas de mépriser le salariat.
Il s'agit de le remettre à sa juste place.

Un pilier, pas la maison.
Un outil, pas une assurance existentielle.

Tant que cette distinction n'est pas faite, toutes les décisions financières sont biaisées. Les choix sont dictés par la peur de perdre le flux. Les concessions s'accumulent. Le temps est vendu toujours plus longtemps, toujours plus cher. Et paradoxalement, plus la dépendance augmente, plus on sacrifie ce que le salaire était censé protéger : la liberté, la paix, la capacité de choisir.

La première étape de la liberté financière n'est donc ni l'investissement, ni l'entrepreneuriat, ni même l'épargne.

Elle est la lucidité.

La capacité de regarder la structure de sa vie telle qu'elle est, sans fard, sans justification morale, sans récit rassurant.

Une question simple, mais redoutable, s'impose alors :

Si ce revenu s'arrêtait demain, que resterait-il ?

Cette question n'exige pas encore d'action.
Elle exige seulement de ne plus détourner le regard.

Car tant que cette fragilité n'est pas reconnue, tout le reste dette, épargne, investissements, projets ne fera que reposer sur une fondation déjà fissurée.

CHAPITRE 2: L'ACCOMPLISSEMENT PAR LA DETTE

Verset *« Le riche domine sur les pauvres, et celui qui emprunte est l'esclave de celui qui prête. » Proverbes 22:7*

Parabole : Enfin propriétaire

« Après l'épisode du salaire retardé, l'homme ne retrouva jamais tout à fait la tranquillité d'autrefois.
En apparence, rien n'avait changé : le travail était le même, le revenu aussi, et l'employeur demeurait solide et respecté. Pourtant, une certitude s'était fissurée. La sécurité qu'il croyait acquise dépendait d'un flux qu'il ne maîtrisait pas entièrement.

Depuis l'enfance, son père lui avait souvent parlé de stabilité. Ils avaient beaucoup déménagé. Des logements temporaires, des adresses qui changeaient, des murs qui ne leur appartenaient jamais vraiment. Son père disait : « Un jour, quand tu auras un bon métier, tu t'installeras. Tu auras enfin quelque chose à toi. »

Cette idée l'avait accompagné toute sa vie.

Lorsqu'on lui parla d'acheter une maison, elle s'imposa donc comme une évidence. Ce n'était pas un luxe, mais l'aboutissement logique de tout ce qu'il avait appris. Il avait un travail respectable, un statut reconnu, un salaire régulier. On lui expliqua que grâce à cette stabilité, il pouvait devenir propriétaire immédiatement. « Tu n'as qu'à continuer comme avant », lui dit-on. « Ton salaire fera le reste. »

Il accepta.

La maison était belle. Spacieuse. Silencieuse. Pour la première fois, il avait le sentiment d'être vraiment installé. Ce n'était plus une promesse, mais une adresse. Plus un passage, mais un ancrage. Il se disait qu'il venait enfin de transformer son travail en sécurité durable.

Chaque mois, une partie de son salaire quittait son compte pour payer la maison. Tant que ce versement arrivait à temps, tout allait bien. C'était devenu un réflexe, presque invisible. Il travaillait, le salaire tombait, la maison tenait.

Au début, cela ne le dérangeait pas. Au contraire, il y voyait une forme de sérieux, de maturité. Il avait désormais quelque chose à protéger.

Puis, lentement, les choix commencèrent à se refermer.

Un ancien collègue lui proposa de rejoindre un projet nouveau, stimulant mais incertain. Il y pensa. Il calcula. Il regarda le montant qui quittait son compte chaque mois.
Il refusa.

Plus tard, une formation exigeante lui fut proposée. Elle demandait du temps, une réduction temporaire de revenus, mais ouvrait des perspectives nouvelles. Il imagina le salaire diminuer, même brièvement. Il déclina à nouveau.

Il ne se sentait pas lâche. Il se sentait responsable.

Avec le temps, son travail exigea davantage. Plus d'heures. Plus de disponibilité. On lui parla d'une augmentation à venir. Il accepta les sacrifices, convaincu que l'effort serait reconnu. Ses journées s'allongèrent. Ses soirées se raccourcirent. Il passait de moins en moins de temps dans cette maison qu'il avait pourtant tant désirée.

Puis l'augmentation n'arriva pas.
On parla de contexte. De patience. De l'année suivante.

Un mois, survint un imprévu. Rien de grave en apparence. Un simple retard de versement. Mais immédiatement, l'angoisse ancienne remonta. Pas seulement la peur de manquer, mais la peur de ne pas pouvoir honorer le paiement. Cette fois, ce n'était plus seulement son confort qui était en jeu, mais le toit au-dessus de sa tête.

Cette nuit-là, il ne dormit pas.

Il comprit alors que la maison, censée le libérer de l'instabilité de son enfance, avait déplacé la pression sans l'effacer. Avant, un retard de salaire était une inquiétude. Désormais, c'était une menace directe. Ce qu'il possédait dépendait plus que jamais de ce flux mensuel.

Il travaillait plus que jamais, mais jouissait moins de la vie.
Il gagnait correctement sa vie, mais ne disposait plus librement de son temps.
Chaque mois, son salaire lui rappelait silencieusement ce à quoi il était lié.

Il commença aussi à se taire là où autrefois il aurait parlé. Non par lâcheté, mais par prudence. Il avait trop à perdre.

Alors il comprit :
ce qu'il croyait être une conquête était devenu une contrainte.
Il n'avait pas seulement acheté une maison.
Il avait engagé son avenir et son temps.

Il était devenu propriétaire.
Mais à quel prix. »

La dette n'est pas un accident du système moderne. Elle en est l'ossature, le fondement du capitalisme moderne.

Dans l'économie contemporaine, l'endettement personnel n'est plus perçu comme un risque à maîtriser, mais comme une norme à encourager. Il est présenté comme raisonnable, structurant, presque vertueux. On ne parle plus de dette, mais de « *projet* ». Plus de dépendance, mais d' *investissement*. Le vocabulaire évolue. Le mécanisme, lui, reste inchangé.

Le crédit immobilier en est l'exemple le plus emblématique.
Posséder son logement est devenu un idéal collectif, un marqueur de réussite, parfois même une preuve implicite de maturité et de stabilité. Pourtant, peu s'arrêtent pour interroger ce que signifie réellement "être propriétaire" lorsqu'un bien repose sur vingt ou trente années d'obligations financières.

D'un point de vue structurel, le crédit immobilier transforme un individu en acteur captif. Il ne finance pas seulement des murs ; il engage le futur. Chaque mensualité est une portion de temps déjà vendue. Le logement rassure, mais il rigidifie. Il ancre géographiquement, professionnellement, socialement et psychologiquement. Il réduit la capacité à prendre des risques, à changer de trajectoire, à dire non.

Il est essentiel de comprendre ceci :
la dette n'augmente pas la liberté.
Elle augmente la prévisibilité.

Et la prévisibilité est précisément ce que recherche le système financier.

Les banques ne prêtent pas par philanthropie. Elles prêtent parce que la dette longue, adossée à un actif tangible et à un revenu stable, est l'un des produits les plus rentables et les moins risqués qui soient. Un salarié endetté sur le long terme est un profil idéal : prévisible, discipliné, dépendant. Il travaille pour rembourser. Il ne peut pas se permettre de rupture prolongée. Il accepte plus facilement des conditions défavorables.

L'État, de son côté, y trouve également un intérêt évident.
Un citoyen endetté est fiscalement stable, moins enclin à la rupture, plus attaché à la continuité du système. Le crédit soutient la consommation, la construction, la croissance apparente. Il permet de lisser les tensions sociales en donnant accès immédiatement à ce que le revenu seul ne permettrait pas.

La dette devient alors un outil de régulation.
Elle oriente les comportements.
Elle canalise les choix.
Elle stabilise les flux.

Ni morale.
Ni immorale.
Fonctionnelle.

Le prêt étudiant obéit à la même logique, souvent avec plus de brutalité encore. Présenté comme un investissement dans l'avenir, il endette des individus avant même qu'ils aient généré leur premier revenu. On ne leur vend pas seulement une formation universitaire, mais une promesse de futur conditionnelle, incertaine, parfois déconnectée de la réalité du marché du travail.

Le résultat est prévisible.
Des générations entières entrent dans la vie active avec un passif. Leur première décision financière n'est pas un choix, mais une obligation. Avant même de construire quoi que ce soit, elles doivent rembourser. Le temps, une fois encore, est déjà engagé.

Dans ce contexte, la dette cesse d'être un outil ponctuel pour devenir une structure de départ. Elle façonne la psychologie. Elle influence les choix de carrière, la tolérance au risque, la capacité à entreprendre. Elle pousse vers la sécurité apparente plutôt que vers la construction réelle.

Le point central, et souvent ignoré, est le suivant :
la dette personnelle est encouragée précisément parce qu'elle s'insère parfaitement dans un monde fondé sur un revenu unique.

Salaire.
Crédit.
Mensualité.

Un cycle propre. Lisible. Stable… tant que rien ne se brise.

Mais lorsque l'imprévu survient, ce cycle ne laisse aucune marge.

La sagesse biblique ne condamne pas l'emprunt par idéologie. Elle en décrit et avertit les conséquences. Elle observe qu'un endettement prolongé crée une relation de dépendance qui dépasse largement la dimension financière. Il affecte la liberté intérieure, la capacité de choix, et surtout la relation au temps.

L'homme endetté ne pense plus en termes de possibilités. Il pense en termes d'échéances.

Le problème n'est donc pas que les institutions utilisent la dette. Le problème est que l'individu adopte la dette comme fondation de sa sécurité, sans comprendre la structure dans laquelle il s'inscrit.

Il croit acheter de la stabilité. Il achète de la rigidité. Il pense sécuriser son avenir. Il le verrouille. La dette peut être un levier. Mais uniquement dans un système déjà robuste.

Utilisée trop tôt, elle agit comme une béquille sur une jambe qui n'a jamais appris à marcher seule. Elle masque la fragilité au lieu de la corriger.

C'est ici que l'accomplissement devient un piège.
On confond l'accès à un bien avec la maîtrise de sa trajectoire.
On célèbre la possession sans mesurer le coût invisible : la perte de flexibilité, l'augmentation de l'exposition, la réduction de « l'optionnalité ».

La dette n'est pas le mal.
Mais la dette utilisée pour se rassurer est toujours une erreur stratégique.

Car la dette ne crée pas la solidité.
Elle l'exige.

CHAPITRE 3: L'USURE INVISIBLE, QUAND TOUT S'EFFONDRE

Verset : *« Malheur à celui qui accumule ce qui n'est pas à lui ! À celui qui a des dettes lourdes et pesantes» Habacuc 2:6*

Parabole : L'homme qui s'absentait
Les années passèrent, presque sans qu'il s'en rende compte. L'homme avait désormais une maison, une place reconnue, et une stabilité que beaucoup enviaient. À l'extérieur, tout indiquait qu'il avançait. À l'intérieur, quelque chose se resserrait lentement.

Un jour, on éleva un autre à une place qu'il convoitait. Ils avaient appris ensemble. Marché côte à côte. Supporté les mêmes charges. Il pensa que le moment était venu pour lui. Pourtant, ce fut un autre qui fut appelé. Il salua, se montra digne, et rentra chez lui avec un poids silencieux dans la poitrine.

Peu de temps après, l'un de ceux avec qui il avait longtemps travaillé fut écarté.
Sans bruit. Sans appel.
On parla de nécessité, d'ordre nouveau, de décisions qui s'imposent. L'homme observa, inquiet. Si l'un pouvait être ainsi mis de côté, alors aucun n'était véritablement à l'abri.

À la maison, sa femme le regardait différemment.
« Tu es là, mais ton esprit est ailleurs », lui disait-elle.
Il l'entendait, sans toujours l'écouter.

Les enfants grandissaient. Il les voyait changer sans vraiment les accompagner. Il voulait être présent, mais le temps semblait toujours manquer. Alors il compensait comme il pouvait : par des présents, par des promesses, par des projets repoussés.

Un jour, on lui dit qu'il cherchait à combler ses absences avec ce qu'il rapportait.
Ces mots le blessèrent profondément.

Les besoins augmentaient. La maison demandait davantage. Les projets s'élargissaient. On lui proposa d'alléger le présent en engageant un peu plus l'avenir. Il accepta. Puis encore. Chaque fois, cela apportait un soulagement bref. Chaque fois, cela ajoutait un poids durable.

Plus sa place semblait élevée, plus il devait la protéger.

Il commença à changer dans ses manières.
Il parlait moins librement.
Il choisissait soigneusement ses silences.
Il restait quand il aurait voulu partir, afin que l'on voie qu'il était encore là.

Il ne se disait pas qu'il devenait un autre homme.
Il se disait qu'il faisait ce qu'il fallait.

Avec le temps, ceux qui l'avaient connu avant le regardaient avec distance.
Et lui-même, parfois, peinait à reconnaître celui qu'il était devenu.

Il avait encore des désirs. Des élans. L'envie d'apprendre, de bâtir autrement.
Mais il n'avait plus le temps.
Ni l'espace.
Ni la force.

Chaque mois, il échangeait son temps contre ce qui lui permettait de tenir.
Et sans l'avoir décidé consciemment, il avait aussi engagé la liberté de ce qui devait venir.

Sa routine avait peu à peu étouffé ce qui faisait sa vivacité. Il accomplissait beaucoup, mais se sentait de moins en moins vivant.

Un soir, sa femme lui dit simplement :
« Tu as changé. »

Il voulut répondre. Trouver des mots.
Mais le silence lui sembla plus vrai que toute justification.

Il regarda ce qu'il avait construit : la maison, les engagements, les obligations.
Tout était là.
Et pourtant, il se sentait étranger à sa propre vie.

Ce ne fut pas une chute soudaine.
Ce fut un effacement progressif. »

Il existe une configuration financière qui paraît rationnelle, presque idéale, et qui pourtant contient en elle-même les germes d'une usure profonde. Elle est si répandue qu'elle en devient invisible :
un salaire pour le présent,
une dette pour organiser l'avenir,
le temps d'aujourd'hui vendu pour payer le temps de demain.

Sur le papier, tout semble cohérent. Le revenu couvre les charges. Les échéances sont maîtrisées. Les calculs sont justes. La trajectoire est lisible. Mais cette lisibilité repose sur une hypothèse implicite, rarement formulée : que rien d'essentiel ne viendra interrompre le flux.

La combinaison salariat + dette est une double vente du temps.
Le temps présent est échangé contre un revenu.
Le temps futur est déjà engagé pour honorer des décisions passées.

L'avenir cesse d'être un espace de possibilités.
Il devient un calendrier d'échéances.

C'est ici que l'usure commence bien avant la fatigue visible.

Au départ, l'effort paraît supportable. On travaille davantage. On accepte une charge plus lourde. On se convainc que le sacrifice est temporaire, qu'il est le prix à payer pour la stabilité, pour la famille, pour "l'avenir". On croit suivre une trajectoire ascendante.

En réalité, ce n'est pas une trajectoire.
C'est une tension maintenue.

Lorsque le salaire est vital et la dette incompressible, le travail cesse d'être un moyen. Il devient une condition de survie du système. La moindre variation se transforme en menace. Une baisse de revenus, une maladie, un conflit professionnel, une restructuration, un choc économique : ce qui aurait été un incident gérable dans une structure robuste devient un risque existentiel.

C'est alors que surgissent les scénarios catastrophe. Non comme des fantasmes irrationnels, mais comme des réalités possibles que l'on préfère ne pas regarder. Que se passe-t-il si le salaire s'interrompt ? Si la capacité de travailler diminue ? Si le marché se retourne ? Si l'entreprise réputée solide ne l'est plus ?

Ces questions sont repoussées non parce qu'elles sont improbables, mais parce qu'elles sont inconfortables.

Face à cette angoisse latente, l'épargne classique est souvent invoquée comme solution. Un livret. Une réserve. Quelques mois de sécurité. Mais cette réponse est largement insuffisante. Non parce que l'épargne serait inutile, mais parce qu'elle est structurellement incapable de compenser une dépendance systémique.

Une réserve de trésorerie amortit un choc mineur.
Elle rassure psychologiquement.
Mais elle ne corrige pas la fragilité.

Face à une combinaison salariat + dette, l'épargne statique ne fait que retarder l'échéance. Lorsque le flux s'interrompt durablement, elle se consume rapidement, et avec elle l'illusion de contrôle, le tout finira par tendre vers 0 si rien ne change (et pourquoi pas - ∞, pour ceux qui comprendront).

C'est ici que la fragilité apparaît dans toute sa brutalité. Un système n'est pas fragile parce qu'il tombe souvent, mais parce qu'il s'effondre totalement lorsqu'il tombe. Un système robuste plie, absorbe, s'adapte. Un système fragile tient longtemps… puis casse d'un coup.

La majorité des trajectoires modernes sont fragiles par construction. Elles fonctionnent tant que tout va bien. Elles sont incapables d'encaisser l'imprévu. Et plus le temps passe, plus la rigidité augmente : la dette réduit les options, le travail intensif épuise les marges, l'épargne immobile rassure sans protéger.

Le champ des possibles se rétrécit.

C'est alors que l'usure devient invisible mais profonde. Pas seulement une fatigue physique, mais une fatigue mentale, morale, existentielle.

L'homme ne pense plus en termes de projets, mais de maintien.
Il ne cherche plus à bâtir, mais à éviter l'effondrement.
Il devient gestionnaire de sa propre survie.

Cette usure transforme le comportement. Elle altère la lucidité. Elle pousse à accepter ce qui aurait été inacceptable plus tôt. Elle justifie des compromis au nom de la sécurité. Progressivement, l'homme libre devient un homme prudent, puis un homme inquiet, puis un homme contraint.

Le plus pervers dans cette dynamique est qu'elle est socialement valorisée. On appelle cela être sérieux. Responsable. Mature. On félicite la capacité à tenir, à encaisser, à sacrifier. Mais on oublie de poser la seule question qui compte : tenir quoi, et à quel prix ?

La sagesse biblique ne décrit pas l'usure comme une chute spectaculaire. Elle parle d'un joug qui s'alourdit progressivement, d'un fardeau porté si longtemps qu'on ne se souvient plus pourquoi on le porte. L'homme n'est pas détruit par un choc unique, mais par une répétition prolongée sans restauration.

C'est ici que tout s'effondre non extérieurement, mais intérieurement.
Lorsque la vie est pleine d'obligations mais vide de direction.
Lorsque tout est "en place", mais que plus rien n'est vivant.

Ce chapitre marque un point de bascule.
Après l'illusion de la sécurité et l'accomplissement par la dette, l'usure révèle la conséquence ultime : une vie tenue, mais non choisie.

CHAPITRE 4: CHANGER DE PRISON

Verset: *« Tel homme est seul, sans personne… et pourtant il n'est jamais rassasié de richesse. » Ecclésiaste 4:8*

Parabole : Le premier fils

« L'homme du chemin respectable avait fini par tomber.Il n'était pas tombé d'un seul coup, mais comme tombent ceux qui tiennent longtemps sans respirer. Les charges avaient pesé. Le travail avait pris toute la place. La maison, autrefois refuge, était devenue silence. Sa femme était partie. Puis, un jour, on lui dit que sa place n'était plus nécessaire.

Il ne protesta pas.
Il n'en avait plus la force.

Son fils avait grandi avec cette histoire en toile de fond.
Il avait vu un homme faire tout ce qu'on attendait de lui : étudier, s'élever, bâtir, tenir. Il l'avait vu se taire, s'user, puis disparaître peu à peu. Il avait vu le train de vie ralentir, les projets s'éteindre, la dignité rester, mais la joie s'en aller.

Alors, très tôt, il s'était fait une promesse :
je ne vivrai pas comme lui.

Pour lui, le problème n'était pas l'effort, mais la manière.
Son père avait vendu son temps à un seul maître.
Lui pensait pouvoir faire autrement.

Il regardait autour de lui et voyait des figures nouvelles.
Des hommes et des femmes visibles, suivis, admirés.
Ils semblaient libres. Ils n'avaient pas d'horaires fixes. Ils parlaient quand ils voulaient. Leur vie paraissait légère, affranchie des contraintes anciennes. Son seul maître c'était lui même : il était auto-entrepreneur et son propre patron. Pas besoin de faire des courbettes au bureau pour une augmentation qui viendrait jamais et toujours décevante.

Il se dit que la liberté devait ressembler à cela.

Alors il choisit un autre chemin.
Il ne vendrait pas son temps comme son père.

Il commença doucement. À partager ses idées, ses images, ses émotions. Ce qui relevait autrefois de l'intime devint peu à peu matière à être montré. Il apprit ce qui plaisait, ce qui retenait l'attention, ce qui faisait revenir les regards.

Au début, cela lui donna un sentiment grisant.
L'argent entra sans qu'il ait l'impression de le mériter par la fatigue.
La reconnaissance arriva vite.
Il se disait qu'il avait trouvé une voie plus intelligente, plus libre que celle de son père.

Mais très vite, il comprit que cette voie avait ses propres exigences.

Les regards ne supportaient pas le silence.
L'absence était sanctionnée.
L'attention devait être nourrie sans relâche.

Chaque jour, il devait se montrer.
Chaque jour, se raconter.
Chaque jour, rester désirable.

Il ne se demandait plus ce qu'il voulait approfondir, mais ce qui fonctionnerait.
Il ne réfléchissait plus à ce qui le faisait grandir, mais à ce qui maintenait l'intérêt.

Un jour, sans y penser, il fit un pas de côté.
Il exprima une opinion qui déplut.
Les regards diminuèrent.
Les chiffres chutèrent.

Ce qui avait semblé solide se révéla fragile.

L'argent se fit plus rare pendant un moment.
Mais le train de vie, lui, était resté. L'image et les apparences devait survivre. La popularité commençait a lui peser : les commentaires, les faux semblants, la manque de tranquillité. Car entre-temps, il s'était installé. Il avait loué plus grand, consommé davantage, vécu à la hauteur de l'image qu'on attendait de lui.

On lui proposa alors des solutions.
Des avances.
Des facilités.
Des prêts.

Il accepta, persuadé que ce n'était que temporaire. Après tout, il était connu. Il rebondirait.

Mais à mesure que les engagements augmentaient, la pression revenait.
Il se surprit à publier non par désir, mais par nécessité.
Non par joie, mais par peur.

Il comprit alors quelque chose de troublant :
il n'avait pas fui l'instabilité de son enfance.
Il l'avait déplacée.

Son père dépendait d'un salaire.
Lui dépendait d'une foule.

Son père vendait son temps.
Lui vendait son image, ses émotions, sa vie.

Les formes étaient différentes.
La logique était la même.

Il pensa alors à son père.
Pour la première fois sans colère.
Il comprit la fatigue qu'il n'avait jamais su nommer.
La pression silencieuse.
La peur de ne plus pouvoir tenir.

Il ne s'excusa pas encore.
Il n'avait pas trouvé de solution.

Mais quelque chose s'était apaisé en lui.

Il comprenait enfin que le problème n'était pas le chemin respectable, ni le chemin visible.
Le problème était plus ancien, plus profond.

Tant qu'un homme agit depuis la frustration et la peur de manquer,
il reproduit les mêmes chaînes,
même lorsqu'elles portent des vêtements différents. »

Lorsque l'usure devient trop lourde, l'homme ne cherche pas la sagesse.
Il cherche une sortie.

Cette sortie est rarement stratégique. Elle est émotionnelle, réactive, née de l'accumulation silencieuse plutôt que d'une compréhension lucide. Et dans un monde saturé d'images, de récits de réussite instantanée et de promesses d'indépendance, la fuite prend aujourd'hui une forme bien identifiable.

Changer de prison.

L'erreur fondamentale n'est pas de vouloir quitter une structure devenue étouffante. Elle est de croire que toute sortie est une libération. Lorsqu'un système érode un individu sur la durée, il génère une frustration profonde. Si cette frustration n'est pas analysée, elle devient le moteur des décisions suivantes. Et une décision née de la fuite reconstruit presque toujours les mêmes chaînes, sous une autre apparence.

C'est ainsi que naît la figure moderne de l'indépendant dépendant, officiellement libre, mais parfois structurellement captif.

Il n'a plus un seul maître, mais plusieurs.
Plus de hiérarchie visible, mais des algorithmes ou des clients. Plus d'horaires fixes, mais une disponibilité permanente.

Il ne vend plus son temps sous forme d'un contrat basé sur un salaire. Lui, il vend son image, son attention, parfois son intimité, parfois ses convictions.

La dépendance change de forme.
Elle ne disparaît pas.

Dans cette économie, le revenu n'est plus stable, il est volatil. Élevé un mois, absent le suivant. Cette instabilité génère une pression constante : rester visible, rester pertinent, rester désirable. L'absence est sanctionnée. Le silence est pénalisé, sans parlé d'une pression fiscale qui parfois plus importante qu'avec un salaire. L'homme n'est plus libre de se retirer pour bâtir. Il doit apparaître pour survivre.

La vie rapide devient un décor. Voyages, mises en scène, victoires publiques, chiffres gonflés. Tout doit aller vite, frapper fort, capter l'attention avant qu'elle ne se détourne. Le doute devient un défaut. Le ralentissement, une faute. L'échec, un risque d'effacement.

Mais la vitesse n'est pas une force.
Elle est souvent une fuite.

Ce type de trajectoire confond mouvement et progrès. Projets lancés sans structure. Revenus sans fondation. Endettement rapide pour soutenir une image. Les choix ne sont plus dictés par une vision, mais par l'urgence de maintenir le flux.

C'est ici que le mécanisme devient clair :
on n'a pas quitté la dépendance,
on l'a déplacée.

Le salarié dépendait d'un salaire.
L'indépendant dépend d'une audience.
L'un vendait son temps.
L'autre vend son exposition.

Formes différentes.
Logique identique.

Le problème n'est donc ni le salariat, ni l'entrepreneuriat, ni la création de contenu, ni l'indépendance en tant que telle. Le problème est la motivation profonde. Tant qu'un homme agit depuis la frustration, la peur du manque ou le rejet de son passé, il reconstruit mécaniquement des structures fragiles.

La sagesse biblique ne condamne pas l'initiative.
Elle condamne la précipitation.

Elle ne reproche pas à l'homme de bâtir, mais de bâtir sans fondation. De chercher à sortir sans comprendre ce qui l'enchaînait. De confondre délivrance et agitation.

Changer de prison n'est pas une libération.
C'est une répétition.

Ce chapitre clôt la première partie pour une raison précise : il marque la fin des illusions. Illusion de sécurité, illusion d'accomplissement, illusion de sortie. Tant que ces trois mirages ne sont pas identifiés, toute tentative de construction repose sur le même sol instable.

La liberté ne commence pas par un changement de statut.
Elle commence par un changement de structure intérieure.

C'est seulement après cette lucidité que l'on peut bâtir autre chose.
Pas une fuite.
Une fondation.

PARTIE II : Bâtir des fondations solides, relation saine avec le temps

CHAPITRE 5: COMPRENDRE POUR GAGNER DU TEMPS ET APPRENDRE

Verset : «*Le cœur de l'homme intelligent acquiert la connaissance. » Proverbes 18:15*

Parabole : Le champ confié

« Un homme reçut un champ pour un temps.Le champ n'était ni vaste ni exceptionnel. Certaines parcelles avaient déjà été cultivées, d'autres portaient encore les marques de saisons passées. La terre n'était ni pauvre ni riche : elle était simplement ce qu'elle était.

On ne lui donna ni plan précis, ni promesse de récolte.
On lui dit seulement :
« Ce champ est à toi. Fais-en bon usage. »

Au début, l'homme pensa surtout à la récolte.
Il observait ceux qui travaillaient beaucoup, ceux qui laissaient leur terre en repos, et ceux qui changeaient sans cesse de culture, espérant trouver celle qui rapporterait le plus vite.

Il comprit vite qu'il pouvait tirer beaucoup du champ en peu de temps, au prix d'un sol appauvri.

Il comprit aussi qu'il pouvait laisser la terre intacte, pensant la préserver.

Mais en observant plus attentivement, il remarqua quelque chose de troublant :
même laissée en repos, la terre changeait.
Le sol se tassait. Certaines herbes prenaient la place d'autres. Le temps agissait, silencieusement.

Alors il ralentit.

Il passa du temps à comprendre la terre, ses cycles, ses saisons. Il accepta que certaines parcelles demanderaient du repos, d'autres du travail patient. Il comprit qu'user la terre trop vite la détruisait, mais que ne rien faire n'était pas neutre non plus.

Il organisa son temps autrement.
Il ne cherchait plus à maximiser la récolte d'une seule saison, mais à préserver la capacité du champ à produire dans le temps.

Les premières années furent modestes.
Rien de spectaculaire.
Mais le champ changeait.

L'homme cessa de se demander ce qu'il pourrait tirer du champ cette année.
Il se demanda ce que le champ vaudrait dans dix ans.

Et c'est à partir de ce moment-là que la terre commença réellement à porter du fruit. »

Après avoir démonté les illusions, une question demeure: que faire maintenant ?

Après avoir quitté les illusions, une question s'impose avec une urgence nouvelle: sur quoi bâtir ?

La majorité des hommes cherchent une réponse rapide.
Un instrument.
Une opportunité.
Un rendement.

Ils cherchent quoi faire,
alors que le véritable enjeu est comment penser.

C'est ici que se joue la différence entre ceux qui traversent le temps et ceux qui s'y consument.

La sagesse biblique pose une hiérarchie que le monde moderne a inversée : la connaissance précède l'action, et le temps précède l'argent.

Ce n'est pas une posture morale.
C'est une loi structurelle.

Le temps est la ressource première.
Tout le reste revenu, rendement, patrimoine n'en est qu'une dérivation.

Celui qui engage son argent sans avoir compris comment son temps est structuré, fragmenté, immobilisé ou vendu, ne construit pas.
Il s'expose.

Il peut gagner.
Il peut même gagner vite.
Mais il ne maîtrise rien.

Et ce qui n'est pas maîtrisé finit toujours par réclamer son prix.

La connaissance dont il est question ici n'est ni scolaire ni abstraite.
Elle est opérante.

Elle concerne les mécanismes invisibles qui gouvernent les trajectoires longues.

Comprendre :

- comment le temps amplifie certaines décisions et en détruit d'autres,
- comment le risque ne se manifeste pas par la fréquence, mais par la gravité,
- comment la dette rigidifie bien avant d'appauvrir,
- comment la répétition façonne plus sûrement qu'un événement isolé,
- comment les systèmes récompensent la discipline, pas l'intention.

Cette connaissance ne promet pas l'excitation.
Elle promet la survie.

Dans les marchés financiers, les acteurs qui durent ne sont pas nécessairement les plus brillants.
Ce sont ceux qui respectent l'ordre :
observer avant d'agir,
comprendre avant d'engager,
apprendre avant d'amplifier.

Aller plus vite que son niveau de compréhension n'est pas une preuve de courage.
C'est une dette contractée envers l'avenir.

Chaque décision prise sans compréhension suffisante devra être payée plus tard
en argent,

en temps,
ou en liberté.

Le paradoxe est cruel :
prendre du temps pour comprendre donne l'impression de perdre du temps.
Mais agir trop tôt, c'est souvent perdre des années.

Celui qui refuse le temps de l'apprentissage sacrifie le futur au présent.
Celui qui accepte ce délai transforme le futur en levier.

C'est ici que s'opère la rupture entre accumulation et construction.

Accumuler, c'est empiler des résultats sans architecture.
Construire, c'est organiser le temps, la connaissance et la décision autour d'une trajectoire cohérente.

La sagesse biblique insiste sur ce point parce qu'elle connaît la nature humaine.
L'homme qui n'a pas appris à comprendre avant d'agir devient dépendant de ce qu'il ne maîtrise pas. Il suit des conseils, des tendances, des figures d'autorité. Il délègue sa responsabilité intellectuelle.

À l'inverse, celui qui investit du temps dans la compréhension acquiert un actif rare :
le discernement.

Le discernement ne consiste pas à toujours agir.
Il consiste à savoir quand ne pas agir.

Quand attendre.
Quand approfondir.
Quand refuser une opportunité pourtant séduisante.
Quand reconnaître que le coût invisible dépasse le gain apparent.

Cette capacité est rare parce qu'elle exige patience, humilité et discipline.
Elle ne produit pas de récompense immédiate.
Mais elle protège contre les erreurs irréversibles.

Ce chapitre marque un changement de posture fondamental.
On ne cherche plus à compenser une frustration.
On ne cherche plus à fuir une contrainte.
On accepte de bâtir lentement parce que l'on a compris que la « lenteur » initiale (dépendant aussi de la vitesse à laquelle chacun apprend) est souvent la condition de la solidité.

La liberté financière ne commence pas par un capital.
Elle commence par un ordre respecté.

Temps.
Connaissance.
Décision.

Lorsque cet ordre est respecté, la croissance devient possible sans fragilité.
Lorsqu'il est violé, même les succès deviennent dangereux.

CHAPITRE 6: LA PEUR DE PERDRE FIGE PLUS SÛREMENT QUE LA DETTE

Verset :« J'ai vu sous le soleil des richesses conservées, pour le malheur de celui qui les possède. » Ecclésiaste 5:13

Parabole : Le deuxième fils

Le plus jeune des fils avait grandi en observant. Il avait vu son père travailler avec sérieux, bâtir une réputation solide, accéder à la propriété par le crédit et le statut. Il avait vu l'argent entrer régulièrement, la reconnaissance sociale s'installer, puis, lentement, la fatigue prendre toute la place. Il avait vu les absences, la maison se tendre, le temps se perdre loin de ses fils. Il avait vu sa mère partir. Il avait vu son père perdre le contrôle, puis le travail, puis la paix.

Il avait vu son frère aîné choisir une autre voie. Révolté par la chute du père, celui-ci avait refusé de vendre son temps. Il avait préféré se rendre visible, transformer sa vie en vitrine. Le succès avait été rapide. L'argent aussi. Le train de vie avait suivi. Le crédit s'était ouvert sans résistance. Puis la pression. Puis la dépendance. Puis la chute.

Et un jour, le frère avait compris ce qu'il avait refusé de voir :
leur père ne s'était pas trompé par ignorance,
mais parce qu'il avait cru que la sécurité pouvait s'acheter.

Le plus jeune, lui, regardait tout cela à distance.

Alors il s'était juré autre chose :
Je ne vendrai pas mon temps comme mon père.
Je ne me vendrai pas comme mon frère.
Je ne dépendrai de personne.

Il travailla avec sérieux.
Il refusa les crédits.
Il mit de côté, saison après saison.
Il accumula sans bruit.

Avec le temps, il acheta un champ.
Sans dette.
Sans pression.Ce champ représentait pour lui la vraie sécurité.Un jour, alors qu'il travaillait la terre, un homme plus âgé s'arrêta près de lui et l'observa longuement. Il regarda le champ, les récoltes stockées, les outils rangés avec soin.

Puis il demanda simplement :
« Que fais-tu de ce que tu produis ? »

Le jeune homme répondit sans hésiter :
« Je garde. J'épargne. Je ne veux plus dépendre de rien ni de personne. »

Le vieil homme hocha lentement la tête.
« Tu as appris de leurs erreurs. C'est une sagesse. Mais écoute-moi bien. »

Il marqua une pause, puis dit :

« Ton père s'est rendu esclave des intérêts parce qu'il a cru que le crédit le sécuriserait.

Ton frère s'est rendu esclave des regards parce qu'il a cru que la visibilité le libérerait.
Toi, prends garde de ne pas devenir esclave de l'immobilité par peur de répéter leurs erreurs. »

Le jeune homme fronça les sourcils.

Le sage poursuivit, sans dureté :
« Le crédit n'est pas le mal.
L'épargne n'est pas le salut.
C'est la dépendance inconsciente qui transforme les outils en prisons. »

Il se pencha, prit une poignée de grain et la laissa couler entre ses doigts.

« Regarde. Ton grain est intact. Pourtant, avec les saisons, il s'échange contre moins qu'avant. Il nourrit moins. Il protège moins longtemps. »

Le jeune homme protesta :
« Mais je n'ai rien perdu. Tout est encore là. »

Le sage répondit calmement :
« Justement. Rien n'a disparu. Mais la valeur de ce que tu gardes diminue pendant que le temps passe. C'est une réalité économique que peu prennent le temps de comprendre. On l'appelle l'inflation. »

Le jeune homme resta silencieux, puis demanda :
« L'inflation ? »

Le sage acquiesça.
« Oui. C'est le nom que l'on donne au fait que l'argent perd de sa capacité d'échange avec le temps. Le monde bouge. Les besoins changent. Les prix montent. Ce que tu conserves immobile dans un monde en mouvement perd de sa force sans faire de bruit. »

Il désigna le champ et ajouta :
« Regarde ta terre. Si tu la laisses intacte par peur de l'abîmer, elle s'appauvrit.
Si tu refuses toute semence par crainte de perdre, tu perds déjà. »

Puis il conclut :
« Accumuler sans faire travailler, ce n'est pas se protéger.
Tu aurais pu échanger certains de tes sacs épargnés contre de nouveaux outils, de nouvelles terres. Car celui qui empêche le fruit de porter du fruit limite ce que le temps aurait pu multiplier. »

Le jeune homme resta longtemps silencieux.

Il comprit alors que chacun d'eux avait cherché la sécurité au mauvais endroit :
son père dans le statut,
son frère dans la visibilité,
lui-même dans l'immobilité.

Avant de partir, le jeune homme demanda :
« Comment vous appelez-vous ? »

Le sage sourit doucement.
« Appelle-moi JC. »

Et il s'éloigna.

Après la compréhension vient souvent une fausse conclusion : « J'ai compris les risques. Je vais donc sécuriser. Je vais épargner. » Cette réaction est logique. Elle est même saine en apparence. L'épargne rassure. Elle donne le sentiment de reprendre le contrôle. Elle offre une impression de prudence, de sagesse, parfois même de maturité financière. Pourtant, lorsqu'elle est mal comprise, l'épargne devient elle aussi une illusion.

L'épargne passive, laissée immobile, n'est pas une protection contre le temps. Elle est une exposition silencieuse à ses effets.

Beaucoup imaginent que ne rien faire est une position neutre. En finance comme dans la vie, c'est faux. L'immobilité est une décision. Et comme toute décision, elle a des conséquences. L'argent qui ne travaille pas n'est pas en pause. Il est lentement transformé par un phénomène que peu comprennent vraiment : l'inflation.

L'inflation n'est pas un concept abstrait réservé aux économistes. Elle ne vit pas dans les journaux financiers. Elle vit dans le quotidien. Elle agit même lorsque personne n'y pense. Elle signifie une chose simple : avec le temps, la même somme d'argent permet d'acheter moins de choses. Avec le temps, la même somme d'argent perd sa valeur un peu plus tout les jours (une pensée pour tout ces dessous de matelas encombrés par ces liasses de billets cachés pendant des années).

Prenons un exemple volontairement simple.

Imaginons qu'il y a vingt ans, avec 10 euros, tu pouvais remplir un panier précis : du pain, des fruits, un peu de viande, un café. Ce panier représentait un certain niveau de vie. Aujourd'hui, ce même panier coûte peut-être 15 ou 18 euros. Le chiffre sur ton compte n'a pas changé, mais ce qu'il permet d'acheter, lui, a diminué.

Si tu avais gardé ces 10 euros sous forme d'épargne immobile pendant vingt ans, ils seraient toujours 10 euros. Mais leur pouvoir réel aurait été amputé. L'argent n'a pas disparu. Il a perdu de sa substance.

C'est ça, l'inflation.

Elle agit comme une érosion lente. Invisible au jour le jour, mais implacable sur la durée. Un peu comme la rouille sur un métal laissé à l'air libre. Chaque jour, l'effet est imperceptible. Mais au bout de dix ou vingt ans, la structure est affaiblie. Tout semble périmer (même l'argent), et il faut se bouger pour rester jeune et vivant.

Le problème fondamental de l'épargne passive est qu'elle confond sécurité nominale et sécurité réelle. Le chiffre est stable, donc on se sent en sécurité. Mais la valeur réelle diminue. Et plus le temps passe, plus l'écart se creuse entre ce que l'on croit posséder et ce que l'on peut réellement faire avec.

C'est ici que l'effet du temps devient central. Le temps n'est pas un décor neutre. Il est une force active. Il travaille contre toi si tu ne fais rien. L'épargne immobile subit le temps. Elle ne l'utilise pas.

Beaucoup de gens pensent se protéger en accumulant. En réalité, ils immobilisent. Et l'immobilité prolongée devient un coût d'opportunité colossal. Ce que l'argent aurait pu produire est perdu. Ce qu'il aurait pu apprendre est ignoré. Ce qu'il aurait pu amortir ne l'est pas.

La sagesse biblique exprime cette idée avec une clarté brutale : enterrer un talent ne le protège pas. Il le rend stérile. Le problème n'est pas de vouloir préserver, mais de refuser le mouvement par peur de perdre.

L'éducation économique de base commence ici. Comprendre que l'argent n'est pas une réserve figée, mais un outil. Comprendre que la valeur est relative, mouvante, contextuelle. Comprendre que le temps est un multiplicateur, dans un sens ou dans l'autre.

Celui qui épargne sans comprendre l'inflation croit se protéger. En réalité, il accepte une perte lente et certaine. Celui qui comprend cherche non pas à éliminer le risque, mais à choisir quel risque il accepte.

Car il n'existe pas de position sans risque. Il n'existe que des risques visibles et des risques cachés. L'épargne immobile élimine le risque de fluctuation, mais elle introduit un risque plus discret : l'érosion continue.

Le chapitre 6 ne condamne pas l'épargne. Il la remet à sa juste place. L'épargne est un outil de fluidité, pas un pilier de sécurité à long terme. Elle sert à absorber les chocs courts, pas à affronter les forces longues. Lorsqu'on lui demande de jouer un rôle qu'elle ne peut pas tenir, elle échoue silencieusement.

Comprendre l'inflation, c'est comprendre que le monde économique est dynamique, même quand on ne l'est pas. C'est accepter que protéger son avenir ne consiste pas à figer le présent, mais à apprendre à faire travailler le temps plutôt que de le subir.

Ce chapitre prépare un basculement décisif.
Car une fois que l'on comprend que le temps agit toujours, une question s'impose naturellement : comment utiliser cette force au lieu de la subir ?

La peur est effectivement un gros problème parce que
La peur n'empêche pas seulement d'agir.
Elle empêche d'apprendre.

Or, ce que l'on n'apprend pas dans un contexte maîtrisé, on finit par l'apprendre sous la contrainte. Le coût n'est alors plus théorique. Il devient réel.

Il existe une illusion dangereuse : croire que ne rien faire est une position neutre.

En réalité, l'inaction est un choix.
Et c'est souvent le plus coûteux.

Dans les marchés, celui qui refuse toute exposition finit par subir l'exposition maximale au moment le plus défavorable. Il n'a ni l'expérience, ni la structure, ni le sang-froid. Il agit tard, sous pression, avec un mauvais timing et une compréhension incomplète.

Dans la vie financière personnelle, le mécanisme est identique. L'homme qui attend d'être parfaitement rassuré n'agit jamais dans de bonnes conditions. La sécurité totale n'existe pas. Elle n'a jamais existé.

La peur fige parce qu'elle refuse le temps comme allié.
Elle veut une certitude immédiate.
Elle exige une garantie avant l'engagement.

Mais le temps ne se donne jamais à celui qui le refuse.
Il ne travaille qu'avec ceux qui acceptent de l'intégrer progressivement.

Il faut ici poser une distinction essentielle :
agir avec discernement n'est pas agir sans peur.
C'est agir malgré la peur, mais avec structure.

La sagesse n'est pas l'absence de risque.
C'est la capacité à prendre des risques limités, répétés, réversibles.

La peur, elle, pousse vers l'extrême inverse :
zéro risque apparent,
mais un risque total différé.

Car ce qui n'est pas exposé au réel ne se renforce jamais.
Ce qui n'est jamais testé reste fragile.
Et ce qui reste fragile trop longtemps finit par casser.

La peur fige aussi l'identité.
Elle enferme l'homme dans ce qu'il est déjà.
Elle empêche l'élargissement, la transformation, la croissance intérieure.

On se définit alors par ce que l'on protège, non par ce que l'on construit.

Ce chapitre prolonge directement le précédent.
Après avoir rétabli l'ordre temps, connaissance, décision il révèle l'obstacle principal à cet ordre : la peur du mouvement.

La liberté financière ne demande pas l'absence de crainte. Elle demande le courage d'un mouvement mesuré, répété, conscient.

Celui qui refuse tout mouvement par peur de perdre finit presque toujours par perdre autrement : lentement, silencieusement, sans même pouvoir nommer ce qu'il a sacrifié.

CHAPITRE 7 : LA LOI DU TEMPS ET DE LA CROISSANCE

Verset : *« Par la sagesse une maison s'élève, et par l'intelligence elle s'affermit. » Proverbes 24:3*

Parabole : Le lac, la moitié invisible et la loi qui surprend
Un homme possédait un terrain au bord d'un lac.

Chaque printemps, il voyait apparaître quelques plantes à la surface de l'eau. Elles étaient peu nombreuses, presque décoratives. Le lac restait vaste, calme, largement dégagé.

Un jour, un voyageur s'arrêta près du lac et observa longuement la surface.

Il demanda :
« Depuis combien de temps ces plantes sont-elles là ? »

— « Depuis des années. »

— « Combien y en avait-il au début ? »

— « Environ vingt-cinq. »

— « Et aujourd'hui ? »

— « Une cinquantaine. »

Le voyageur hocha la tête.
« Donc elles doublent chaque année. »

Le propriétaire répondit avec assurance :
« Peut-être. Mais je ne m'inquiéterai que lorsqu'elles couvriront la moitié du lac. »

Le voyageur demanda alors :
« Et quand penses-tu que cela arrivera ? »

Le propriétaire réfléchit, puis dit :
« À ce rythme ? Peut-être dans vingt ans. Il n'y en a presque rien. »

Le voyageur ramassa un bâton et traça des marques dans la terre.

« Regardons ensemble.
Année 1 : 25 plantes.
Année 2 : 50.
Année 3 : 100.
Année 4 : 200.
Année 5 : 400.
Année 6 : 800.
Année 7 : 1 600.
Année 8 : 3 200. »

Il leva les yeux vers le lac.
« Jusqu'ici, tu es parfaitement serein. »

Il continua :

« Année 9 : 6 400.
Année 10 : 12 800. »

Le propriétaire fronça les sourcils.

Le voyageur demanda calmement :
« Sais-tu combien de plantes sont nécessaires pour couvrir la moitié de ton lac ? »

— « Non. »

— « Environ 5 000. »

Le propriétaire sourit, soulagé.
« Alors c'est déjà dépassé. Et pourtant, regarde : le lac est encore largement libre. »

Le voyageur secoua la tête.

« Justement.
Quand tu as franchi les 5 000 plantes, tu n'as rien ressenti.
Mais écoute bien ceci :
entre l'année 11 et l'année 12, le lac passera de plus de la moitié couverte à presque entièrement couvert. »

Le propriétaire resta figé.

Le voyageur ajouta :
« Et ce jour-là, tu diras : "Tout a changé d'un coup."
Mais en réalité, rien n'a accéléré.
La loi a fait exactement la même chose chaque année. »

Il conclut :

« Tu as raisonné en ligne droite.
Mais ce que tu observes suit une loi exponentielle.
C'est la force des intérêts composés. »

Le propriétaire s'assit au bord du lac.

Il comprit alors que le danger n'était pas dans la vitesse, mais dans le retard avec lequel on comprend la loi ou l'avance avec laquelle on la saisie. La puissance des intérêts composés ne vient pas de ce que l'on gagne, mais de ce que l'on laisse travailler à sa place, dans le temps.

Jusqu'ici, le temps était l'ennemi.
Il usait le corps, érodait l'énergie, grignotait la valeur de l'épargne, enfermait l'homme dans des engagements de plus en plus lourds. Le temps apparaissait comme une force hostile, implacable, toujours du côté de la perte.

Mais le temps n'est pas mauvais.
Il est indifférent. C'est ici que beaucoup échouent.
Non par manque d'intelligence, mais par incompréhension du rythme réel de la croissance. Le monde moderne glorifie l'accélération. Résultats rapides, Les succès visibles, trajectoires spectaculaires.

Mais le temps, lui, obéit à une autre logique.
Il n'amplifie pas ce qui brille.
Il amplifie ce qui dure.

La croissance véritable n'est presque jamais linéaire.
Elle est discrète, cumulative, souvent imperceptible à court terme. Elle travaille dans l'ombre, jusqu'au moment où ses effets deviennent impossibles à ignorer.

Ce qui rend le temps destructeur ou créateur, ce n'est pas sa nature, mais la structure dans laquelle on l'inscrit. L'usure n'est pas causée par le temps lui-même, mais par le fait de vendre son temps sans lui permettre de produire. L'intérêt composé est précisément l'inverse de cette logique.

L'intérêt composé n'est pas un concept financier sophistiqué. C'est plutôt une loi fondamentale. Une loi que l'on retrouve en mathématiques, en physique, en biologie, dans la croissance du vivant comme dans la propagation de certains phénomènes. C'est la logique selon laquelle ce qui a produit continue de produire, et ce qui a été produit devient à son tour productif.

Autrement dit, le temps commence à travailler pour toi lorsque ce que tu mets en mouvement n'est plus seulement consommé, mais capable de croître.

Le drame de la plupart des trajectoires modernes est que le temps est utilisé uniquement dans un sens linéaire. On échange une heure contre une rémunération. Une journée contre un salaire. Une année contre une stabilité apparente. Rien ne s'accumule réellement. Tout est consommé. Le passé ne travaille jamais pour l'avenir.

L'intérêt composé renverse cette logique. Il introduit une asymétrie favorable. Ce que tu mets en place aujourd'hui ne produit pas seulement demain, mais continue de produire après-demain, et encore après. Le temps cesse d'être une fuite ; il devient une force cumulative.

Ce phénomène est trompeur, car il est lent au départ. Les premières années paraissent insignifiantes. Les résultats sont modestes, parfois décevants. C'est précisément pour cela que la majorité abandonne trop tôt. L'œil humain est mal équipé pour percevoir l'exponentiel. Il juge à court terme. Il sous-estime ce qui croît lentement.

C'est ici que l'éducation devient décisive.

Celui qui comprend l'intérêt composé sait que la puissance n'est pas visible au début. Il accepte une phase de silence, de construction invisible, de progression sans reconnaissance immédiate. Il sait que le temps ne récompense pas l'intensité ponctuelle, mais la cohérence prolongée.

Celui qui ne comprend pas continue de vendre son temps contre un flux immédiat. Il subit l'usure. Il voit ses efforts s'éteindre dès qu'ils cessent. Chaque pause est une perte. Chaque ralentissement est une menace.

L'intérêt composé transforme cette relation. Il permet au passé de soutenir le présent. Il crée une mémoire productive. Il donne de l'épaisseur au temps. Ce que tu as fait hier ne disparaît plus ; il continue d'agir.

La sagesse biblique décrit cette réalité sans la nommer ainsi. Elle parle de semence, de récolte, de multiplication. Elle insiste sur la patience, sur la constance, sur le fait que la croissance véritable n'est ni instantanée ni spectaculaire au départ. Celui qui sème avec discernement récolte avec abondance, mais rarement immédiatement.

L'usure, dans les chapitres précédents, était le résultat d'un temps consommé sans retour. L'intérêt composé est le renversement exact : un temps investi qui finit par libérer. Ce n'est pas une promesse de facilité. C'est une promesse de cohérence.

Mais cette loi ne pardonne pas l'ignorance et la précipitation. Celui qui l'ignore la subit à l'envers. Les dettes composent. Les intérêts s'accumulent contre lui. Les erreurs répétées s'amplifient. Le temps devient alors un multiplicateur de fragilité.

Celui qui comprend peut choisir son camp.
Subir l'intérêt composé par l'usure, ou l'utiliser par la construction.

Le chapitre 7 n'enseigne pas encore comment investir. Il enseigne pourquoi il faut penser en termes de durée, de processus et d'accumulation. Il redonne au temps sa juste place : ni une menace, ni une idole, mais une force à apprivoiser.

Ceux qui réussissent durablement ne sont pas ceux qui vont vite.
Ce sont ceux qui laissent le temps travailler pour eux.

Ce graphique montre une réalité simple mais contre-intuitive :
ce n'est pas l'effort mensuel qui fait la différence, c'est le temps.

Trois personnes investissent à 3 % par an :

- la première commence tôt, avec peu (100 € par mois dès 2000),
- la seconde attend "le bon moment" et investit plus (210 € par mois dès 2010),
- la troisième arrive encore plus tard, mais force davantage (430 € par mois dès 2015).

En valeur finale, celui qui a investi le moins chaque mois finit avec le capital le plus élevé.
Pourquoi ? Parce que le temps a travaillé plus longtemps pour lui.

L'intérêt composé ne récompense pas l'intensité tardive, il récompense la précocité et la constance.

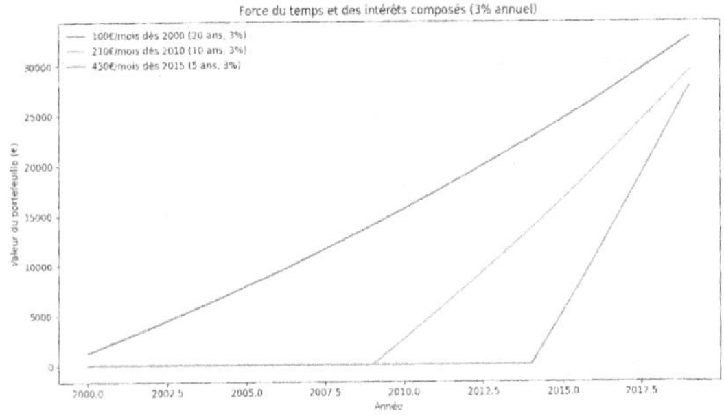

en multipliant par plus de quatre le montant mensuel, on ne rattrape pas facilement les années perdues. Le temps est une ressource non renouvelable. Lorsqu'il n'est pas mis au travail, il est définitivement perdu.

Il faut aussi préciser une chose essentielle :
ce graphique est en valeur nominale.
L'inflation n'est pas intégrée.

Entre 2000 et 2015, avec une inflation moyenne de 2 % par an,
100 € en 2000 équivalent à environ 135 € en 2015 en pouvoir d'achat.

Cela signifie deux choses fondamentales :

- investir tôt est encore plus puissant qu'il n'y paraît,
- ne rien faire est doublement pénalisant : on perd le temps et le pouvoir d'achat.

C'est ici que l'on comprend que les intérêts composés
ne sont pas une astuce financière,
mais une loi du réel.
Une loi qui travaille toujours, soit pour toi, soit contre toi.

Et c'est précisément à ce moment-là qu'une autre question surgit :
si le temps peut devenir un allié, comment réduire les risques qu'il amplifie dans une seule direction ?

La réponse tient en un mot : diversification.

C'est l'objet du chapitre suivant, mais avant de s'y pencher, il y a un détail que peu de lecteurs savent, et qui mérite d'être mentionné.

Dans la finance dite « grand public », l'attention se porte presque exclusivement sur les produits financiers linéaires : actions, obligations, immobilier, épargne. Leur logique est simple : plus ou moins de capital, plus ou moins de rendement, de manière relativement proportionnelle.

Mais dans la haute finance, celle des banques d'investissement et des hedge fund, des desks de trading professionnels et des mathématiciens financiers (les quants), l'attention se déplace ailleurs.

Elle se concentre sur les produits dérivés non linéaires :
Options, produits d'assurance, dérivés de volatilité, structures asymétriques : ces instruments ne s'intéressent surtout à l'asymétrie dans le temps, la trajectoire des événements, et à la distribution des probabilités. Une option, par exemple, est un instrument qui tire sa valeur au fait que les gains et les pertes ne progressent pas de manière symétrique dans le temps.

Ce n'est pas un hasard si ces produits attirent autant de chercheurs, de statisticiens et de physiciens reconvertis en finance. Ils incarnent une réalité fondamentale : le temps n'agit pas de manière linéaire, et les événements importants ne se produisent pas de façon régulière.

À titre d'ordre de grandeur, le marché mondial des produits dérivés représente des centaines de milliers de milliards de dollars de notionnel. Bien au-delà de la taille des marchés actions ou obligataires traditionnels. Ce chiffre, souvent abstrait, reflète une chose simple : les acteurs les plus sophistiqués du système financier consacrent l'essentiel de leur énergie à comprendre et exploiter les lois cachées du temps et du risque.

Si ces lois sont au cœur de l'attention de la finance professionnelle, ce n'est pas par goût du raffinement intellectuel. C'est parce qu'elles déterminent, à long terme, qui survit, qui prospère, et qui disparaît.

Ce livre n'a pas pour vocation d'enseigner les produits dérivés. Mais il serait intellectuellement malhonnête d'ignorer ce fait : là où les enjeux sont les plus élevés, le temps et ses asymétries deviennent centraux. Et ce principe, bien avant d'être mathématique, est déjà présent dans la sagesse biblique..

PARTIE III : Racheter le temps, une liberté qui dure

CHAPITRE 8 : MULTIPLIER SANS S'EXPOSER

Verset :*« Répartis ce que tu as entre sept, et même entre huit, car tu ne sais pas quel malheur peut arriver sur la terre. » Proverbes 24:4*

Parabole : Les trois coffres et le temps divisé

« Deux hommes commencèrent à mettre de côté une part de ce qu'ils gagnaient.Ils n'avaient ni héritage, ni fortune initiale. Seulement du temps devant eux, et des choix à faire.Le premier commença tôt.Les sommes qu'il mettait de côté étaient modestes. Parfois presque insignifiantes. Mais au lieu de chercher un placement unique, il répartissait ce qu'il avait entre plusieurs activités simples, imparfaites, indépendantes les unes des autres.Aucune n'était spectaculaire.Certaines avançaient lentement.D'autres traversaient des périodes de stagnation.Mais toutes avaient une chose en commun : elles avaient du temps. Le second attendit. Il se disait qu'il commencerait plus tard, lorsqu'il aurait davantage. Lorsqu'il pourrait investir "sérieusement". Pendant ce temps, il conservait ce qu'il épargnait sans le faire travailler, convaincu que la sécurité venait d'abord de l'accumulation.

Les années passèrent.

Un jour, le second se lança enfin. Il investit des montants bien plus élevés que ceux que le premier avait investis à ses débuts. Il choisit un placement qu'il jugeait solide, évident, presque incontestable.

Au début, tout sembla fonctionner.

Mais le temps n'agissait pas de la même manière pour les deux.

Ce que le premier avait commencé tôt avait déjà eu le temps de croître, puis de croître encore. Certaines de ses sources ralentissaient, mais d'autres prenaient le relais. Les creux de l'une étaient amortis par la progression d'une autre.

Chez le second, chaque variation comptait davantage. Son investissement unique concentrait à la fois ses espoirs et ses inquiétudes. Le temps travaillait, mais sans marge de sécurité.

Un jour, ils comparèrent leurs trajectoires.

Le second fut surpris.
Il avait investi plus.
Mais plus tard.
Et sans structure.

Alors il comprit une vérité simple et dérangeante :
ce n'est pas la taille de l'effort qui crée la robustesse,
mais la combinaison du temps et de la diversification.

Il comprit aussi que la vraie sécurité n'était pas d'avoir un seul coffre bien rempli,
mais plusieurs coffres capables de se remplir ensemble, selon des rythmes différents.

La sagesse biblique formule cette idée avec une sobriété désarmante: répartir, non parce que l'on sait ce qui arrivera, mais précisément parce que l'on ne le sait pas.

Cette posture est profondément moderne.
Elle reconnaît l'incertitude comme donnée structurelle, non comme anomalie temporaire.

Dans un monde incertain, chercher la certitude absolue est une erreur stratégique.
La robustesse ne vient pas de la prévision, elle vient de la structure.

Multiplier sans surexposition signifie organiser sa vie financière de manière à bénéficier de ce qui fonctionne, sans être détruit par ce qui échoue.

C'est une logique d'asymétrie.
Les pertes sont limitées.
Les gains restent ouverts.

La réflexion moderne sur la robustesse des systèmes a été profondément renouvelée par les travaux de Nassim Nicholas Taleb, ancien trader devenu chercheur, dont l'apport principal n'est pas d'avoir montré pourquoi les crises majeures sont imprévisibles.

Nassim Nicholas Taleb, ne cherche pas à expliquer le monde par des modèles rassurants. Il montre au contraire que les systèmes complexes financiers, économiques, humains sont dominés par des événements rares, extrêmes et asymétriques. Ceux qu'il a appelé les *cygnes noirs*. Dans ce contexte, la question centrale n'est plus :
que va-t-il se passer ? mais: *que m'arrive-t-il si quelque chose d'inattendu se produit ?*

C'est là qu'il introduit une distinction essentielle :

- le fragile, qui se brise sous le choc,
- le robuste, qui résiste,
- l'anti-fragile, qui s'améliore grâce aux chocs.

Appliquée à la finance personnelle, cette grille est redoutablement pertinente. Une trajectoire fondée sur une seule source de revenu est fragile. Une trajectoire diversifiée est robuste. Une trajectoire intelligemment structurée peut devenir anti-fragile.

Diversification simple en bourse

La bourse, lorsqu'elle est utilisée sans spéculation et sans levier, est l'un des outils les plus simples pour introduire de la diversification.

La bourse souffre d'une image injuste. Pour beaucoup, elle évoque la spéculation, le hasard, le casino. En réalité, dans sa forme la plus simple, la bourse est un mécanisme très ancien et très concret : devenir propriétaire d'entreprises.

Acheter une action, ce n'est pas parier sur un écran. C'est acquérir une part de propriété d'une entreprise réelle, avec ses produits, ses employés, ses clients, ses bénéfices et ses risques.

Autrement dit, au lieu de seulement consommer, on devient aussi copropriétaire de ce que l'on consomme. Lorsque tu utilises un téléphone, une plateforme, un service de transport, une marque alimentaire, une entreprise d'énergie ou de technologie, il est possible, via la bourse, de détenir une fraction de ces sociétés. Le raisonnement devient alors radicalement différent :

je ne fais pas que dépenser de l'argent, j'investis dans des entreprises qui font partie de mon quotidien.

Les indices boursiers sont simplement des regroupements d'entreprises représentatives d'une économie ou d'un secteur. Par exemple :

- un indice mondial regroupe des entreprises de nombreux pays,
- un indice national regroupe les grandes entreprises d'un pays,
- un indice sectoriel regroupe des entreprises d'un même domaine.

Investir dans un indice, c'est ne pas parier sur une entreprise en particulier, mais sur la dynamique globale d'un ensemble. On accepte que certaines entreprises disparaissent, d'autres émergent. Ce qui compte, c'est la trajectoire collective sur le long terme.

C'est ici que les ETF entrent en jeu. Un ETF est simplement un véhicule qui permet d'acheter facilement un indice entier. En une seule opération, on peut devenir propriétaire de centaines, voire de milliers d'entreprises, réparties sur plusieurs pays et secteurs. C'est l'un des outils de diversification les plus simples jamais créés.

Les obligations, quant à elles, fonctionnent différemment. Il ne s'agit plus de propriété, mais de prêt. Lorsque tu achètes une obligation, tu prêtes de l'argent à un État ou à une entreprise, qui s'engage à te verser un intérêt et à te rembourser à échéance. Le rendement est généralement plus faible que les actions, mais le rôle des obligations est avant tout stabilisateur.

Elles apportent de la prévisibilité dans un ensemble plus volatil.

Le cash joue aussi un rôle essentiel. Non pas comme outil de rendement, mais comme outil de flexibilité. Il permet d'absorber les chocs, de saisir des opportunités, de ne pas être contraint de vendre au mauvais moment. Le cash n'est pas une stratégie de long terme, mais une assurance de mouvement.

Les cryptomonnaies occupent une place à part. Elles ne sont ni des actions, ni des obligations. Elles représentent une innovation technologique et monétaire encore jeune, instable, mais potentiellement structurante. Leur rôle, lorsqu'elles sont intégrées avec prudence, n'est pas de remplacer le reste, mais d'ajouter une exposition asymétrique : une petite allocation peut produire un impact significatif, sans mettre en danger l'ensemble.

La clé ici est la proportion, jamais l'enthousiasme.

Ce qu'il montre, visuellement et sans discours :

- Même effort : 100 € par mois pendant 20 ans
- Même durée
- Seule différence : le rendement

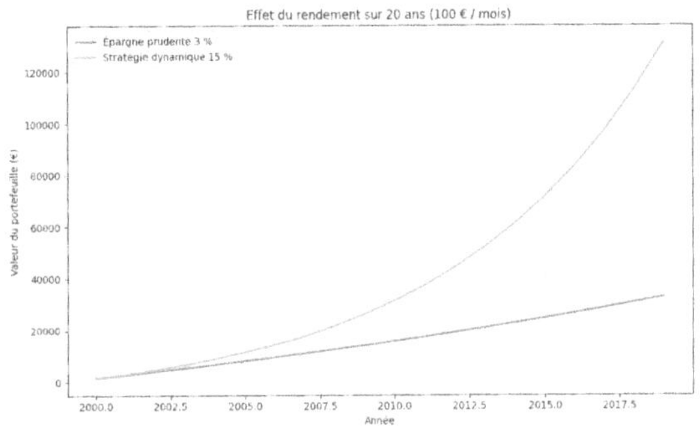

La courbe à 3 % est plus plate.
La courbe à 15 % commence discrètement… puis décolle violemment dans la seconde moitié (effet des intérêts composés).

Tontines, prêts directs et logique communautaire

La diversification ne passe pas uniquement par les marchés financiers modernes. Les tontines, les prêts directs, les structures communautaires existent depuis bien plus longtemps que la bourse. Leur logique est simple : prêter sans enrichir un intermédiaire, soutenir une économie réelle, maintenir une solidarité fonctionnelle.

Dans certaines configurations, ces mécanismes permettent :

- de prêter sans intérêts excessifs,
- de réduire la dépendance au système bancaire,
- de renforcer des liens de confiance.

Ils ne sont pas exempts de risques, mais ils rappellent une vérité essentielle : la finance n'est pas seulement une affaire de produits, mais de relations et de structures.

La formation continue comme actif central

Aucune diversification ne tient sans un pilier fondamental : la formation continue.

Les produits changent. Les règles évoluent. Les fiscalités se transforment. Les technologies apparaissent. Celui qui cesse d'apprendre devient dépendant de ce qu'il ne comprend plus. Celui qui continue de se former garde une longueur d'avance, non par intelligence supérieure, mais par adaptation constante.

Se former en continu, ce n'est pas chercher à tout maîtriser. C'est maintenir une compréhension suffisante pour prendre des décisions éclairées, poser les bonnes questions, éviter les pièges grossiers.

La sagesse biblique insiste sur ce point : la connaissance protège. Non contre tout, mais contre l'ignorance qui transforme des outils neutres en chaînes.

L'entrepreneuriat apporte une autre forme de diversification : celle de la création de valeur directe. Il est plus exigeant, plus incertain, mais potentiellement plus transformateur.

Quelques exemples réalistes, loin des fantasmes :

- **Services spécialisés (consulting, formation, expertise)**
  Rendement souvent élevé en proportion du capital investi.
  Dépendance forte au temps au départ, mais possibilité de structuration.

- **Produits numériques (formations, logiciels simples, contenus premium)**
  Rendement très variable.
  Fort effet d'échelle si bien conçu, mais exige rigueur et patience.

- **Commerce en ligne de niche**
  Marges modestes au début, mais stabilité possible si bien positionné.
  Sensible aux cycles, mais bon outil d'apprentissage économique.

- **Entreprises locales (services, artisanat, restauration bien gérée)**
  Rendements souvent inférieurs aux promesses du marketing, mais plus concrets.
  Peu glamour, mais souvent plus résiliants.

Un bon entrepreneuriat n'est pas celui qui promet un rendement maximal, mais celui qui s'intègre harmonieusement dans une structure globale, sans recréer une dépendance totale.

La vraie diversification

Taleb insiste sur un point souvent mal compris : diversifier, ce n'est pas multiplier les paris.
C'est éviter qu'un seul échec soit fatal.

Une vraie diversification combine :

- des revenus actifs,
- des revenus semi-passifs,
- des actifs financiers,
- des compétences transférables,
- des relations humaines solides,
- une capacité d'apprentissage constante.

C'est cette architecture qui rend une trajectoire anti-fragile. Elle ne supprime pas les chocs. Elle empêche qu'ils détruisent l'ensemble. Mieux encore, elle permet parfois d'en tirer parti.

La sagesse biblique rejoint cette approche sans jamais la théoriser. Elle recommande de répartir, de ne pas mettre tous ses biens au même endroit, de prévoir sans chercher à contrôler. Elle ne promet pas l'absence de tempête, mais une barque qui ne coule pas au premier coup de vent.

La diversification n'est donc pas une technique financière.
C'est une philosophie de construction.

Celui qui la comprend cesse de chercher la sécurité absolue.
Il cherche la capacité à durer.

La diversification comme posture de vie

La vraie diversification n'est donc pas une accumulation de produits. C'est une manière de penser. Refuser qu'un seul élément un revenu, un actif, une compétence, une plateforme décide de tout.

C'est accepter que le monde soit incertain, et construire en conséquence. Non pas pour devenir invulnérable, mais pour rester debout lorsque d'autres tombent.

Celui qui comprend cela ne cherche plus la promesse parfaite.
Il cherche une structure qui tient.

CHAPITRE 9: BÂTIR SANS S'ASSERVIR

Verset : *« L'homme de bien laisse un héritage aux enfants de ses enfants. » Proverbes 13:22*

Parabole : Un fils, des lois et son héritage

« Un homme entra dans la vie sans richesse particulière.Il n'avait ni capital, ni héritage, ni raccourci. Seulement sa capacité à travailler. Alors il accepta un emploi stable, respectable, qui lui assurait un revenu régulier. Il ne méprisa pas cette étape. Il comprit qu'un travail peut être un socle, mais qu'il devient une prison lorsqu'on le confond avec une destinée.

Très tôt, pourtant, il refusa l'ignorance.

Il observa le monde autour de lui. Il écouta. Il lut. Il se forma.
Il découvrit que le monde obéissait à des lois : le temps, le risque, la croissance, l'usure.
Et il comprit une chose décisive : celui qui ignore les lois finit toujours par les subir.

Alors, sans bruit, il mit de côté une part de ce qu'il gagnait.
Non pour accumuler par peur, mais pour mettre en mouvement.

Au début, il investit simplement. Là où il comprenait ce qu'il faisait. Dans des activités exposées au temps. Les résultats étaient modestes, parfois presque invisibles. Mais il savait désormais que ce qui commence lentement n'est pas faible, mais patient.

En parallèle, il développa ses compétences.
Il apprit d'abord à vendre un produit.
Puis à structurer une offre.
Puis à transmettre un savoir, une expérience, un discernement.

Il comprit alors une vérité essentielle :
la compétence est une forme de capital que personne ne peut saisir.

Avec le temps, ce qu'il avait mis en mouvement commença à produire.
Puis ce qui avait produit commença à produire à son tour.

Il ne chercha pas à concentrer.
Il diversifia.

Plusieurs sources.
Plusieurs rythmes.
Plusieurs dépendances faibles.

Certaines apportaient peu mais régulièrement.
D'autres étaient plus volatiles mais prometteuses.
Aucune n'était vitale seule.

Il comprit que la diversification n'était pas une stratégie pour gagner plus, mais une sagesse pour durer.

Pendant ce temps, beaucoup autour de lui suivaient un autre chemin. Leur revenu augmentait parfois, mais leur dépendance aussi. Plus ils gagnaient, plus ils devaient rester. Plus ils restaient, moins ils avaient le temps de comprendre.

Lui avançait lentement, mais librement.

Longtemps, il refusa le crédit.
Non par principe, mais par lucidité.
Il savait qu'un crédit adossé à un seul revenu est une chaîne déguisée en opportunité.

Puis un jour, il réalisa quelque chose de fondamental :
son travail n'était plus vital.
Il pouvait perdre une grande partie de ce revenu sans que sa structure s'effondre.

Ce jour-là, son rapport au travail changea.
Il ne travaillait plus par nécessité, mais par choix.

Alors seulement, il accepta un crédit.

Pas pour soutenir son train de vie.
Pas pour acheter une illusion de sécurité.
Mais pour amplifier une structure déjà vivante.

Le crédit était court.
Maîtrisé.
Porté par plusieurs flux.

Lorsqu'il fut remboursé, il ne ressentit ni soulagement ni euphorie.
Il se sentit simplement plus solide.

Les années passèrent.

Ce qui avait été lent devint visible.
Ce qui avait été modeste devint puissant.
Les intérêts composés, alliés à la diversification, avaient fait leur œuvre.

Il était désormais riche.
Mais surtout, il était libre.

Libre de refuser.
Libre de partir.

Libre d'apprendre encore.
Libre de transmettre.

Un soir, alors qu'il rentrait chez lui, il croisa un vieil homme.

Ils parlèrent longtemps. Du travail. Du temps. Du risque. Des lois invisibles qui gouvernent les vies humaines.

Avant de se séparer, l'homme demanda :
« Qui êtes-vous ? »

Le vieil homme sourit.
« Tu peux m'appeler J.C. »

Alors l'homme comprit.

Il comprit que la plus grande richesse qu'il avait reçue n'était ni un capital, ni une méthode secrète.
C'était un héritage invisible : une compréhension des lois, une sagesse transmise.

Et il sut qu'à son tour, il transmettrait cela à ses enfants.
Non seulement par des biens, mais par le discernement.
Car les biens peuvent se perdre, mais la sagesse traverse les générations. »

La liberté financière n'est pas une fin.
Elle est un seuil.

Celui qui s'arrête à l'accumulation n'a fait que changer de cage. Plus confortable, plus grande, mais toujours centrée sur lui-même. La vraie rupture commence lorsque l'argent cesse d'être une obsession personnelle pour devenir un outil de transmission, de construction et de libération. C'est ici que tout prend sens.

La sagesse biblique ne condamne jamais le travail ni la construction. Elle met en garde contre une œuvre qui absorbe tout : le temps, l'attention, l'énergie, la présence. Lorsque ce qui est bâti exige constamment son bâtisseur, ce n'est plus une œuvre. C'est une charge permanente.

Ce glissement est rarement brutal.Il est progressif, presque imperceptible.Au départ, l'engagement est volontaire.Puis il devient nécessaire. Enfin, il devient incontournable.

L'homme ne travaille plus pour faire grandir une structure. Il travaille pour la maintenir en vie.

C'est ici que la frontière est franchie.

Une construction saine doit pouvoir tolérer l'absence de son fondateur. Non pas immédiatement, non pas parfaitement, mais suffisamment pour ne pas dépendre entièrement de sa présence continue. Une structure robuste accepte la délégation, l'imperfection, le relais. Une structure fragile exige une vigilance constante, une implication totale, une tension permanente.

Ce critère est simple, mais décisif.
S'il n'y a jamais de pause possible, il n'y a pas de liberté réelle.

Le piège moderne consiste à confondre intensité et importance. Ce qui réclame sans cesse de l'attention paraît essentiel. Ce qui impose l'urgence semble précieux. Mais la valeur d'une œuvre ne se mesure pas à ce qu'elle exige, elle se mesure à ce qu'elle permet.

Permet-elle de transmettre ?
Permet-elle de se retirer sans s'effondrer ?
Permet-elle de durer sans consumer celui qui l'a bâtie ?

Beaucoup construisent aujourd'hui des activités performantes mais non soutenables. Elles génèrent du revenu, parfois abondant, mais au prix d'une dépendance totale du fondateur. Le système fonctionne tant qu'il est présent. Dès qu'il s'éloigne, tout se fragilise.

Ce n'est pas de la solidité.
C'est une tension maintenue.

L'argent comme levier intergénérationnel

L'une des plus grandes illusions modernes est de croire que la richesse se mesure à ce que l'on consomme. En réalité, elle se mesure à ce que l'on transmet.

Une génération qui ne transmet que des biens matériels transmet aussi leurs problèmes. Une génération qui transmet des principes transmet une capacité à reconstruire.

L'argent devient alors un outil intergénérationnel :

- pour financer l'éducation,
- pour absorber les chocs familiaux,
- pour offrir du temps à la génération suivante,
- pour éviter la reproduction mécanique des mêmes erreurs.

Le but n'est pas de créer des héritiers dépendants, mais des héritiers capables. Des hommes et des femmes qui comprennent les règles du jeu, savent lire le monde, et ne confondent pas sécurité et immobilité.

L'éducation financière comme devoir moral

À ce stade, l'éducation financière n'est plus un choix personnel. Elle devient une responsabilité morale.

Ignorer les règles économiques, aujourd'hui, ce n'est pas rester pur. C'est rester vulnérable. Et transmettre cette vulnérabilité à ses enfants est une forme d'injustice involontaire.

Comprendre :

- la dette,
- l'inflation,
- le rendement,
- le risque,
- la fiscalité,
- la valeur du temps,

ce n'est pas devenir cupide. C'est refuser l'ignorance organisée.

Celui qui comprend ces mécanismes peut protéger sa famille, orienter ses choix, éviter des pièges grossiers et, surtout, ne pas être manipulé.

Sortir du cycle d'esclavage

Le cycle est ancien et bien connu :
vendre son temps → s'endetter → travailler plus → consommer pour compenser → s'endetter encore → transmettre la fatigue et la peur.

Sortir de ce cycle ne demande pas un miracle. Il demande de la conscience, de la discipline, et du temps. Mais surtout, il demande de refuser certains récits dominants : celui de la réussite rapide, de la consommation comme récompense, de la dette comme normalité.

La liberté financière n'est pas l'absence de travail. C'est l'absence de contrainte vitale.

Lorsque le travail devient un choix, l'homme retrouve sa verticalité. Il peut dire non. Il peut partir. Il peut transmettre autre chose que de la frustration.

Bâtir des lignées solides

Une lignée solide ne se reconnaît pas à son niveau de vie, mais à sa capacité à traverser les générations sans s'effondrer.

Cela suppose :

- des principes clairs,
- une compréhension du monde réel,
- une vision longue,
- une relation saine à l'argent,
- une humilité face à l'incertitude.

La Bible parle souvent de bénédiction sur plusieurs générations. Ce langage, dépouillé de sa dimension mystique, désigne une réalité très concrète : lorsqu'un homme comprend les lois du réel et les transmet, ses enfants partent avec un avantage invisible mais décisif.

Le véritable héritage n'est pas ce que tu laisses.
C'est ce que tu permets.

CHAPITRE 10: LA PREMIÈRE PIERRE

Verset : *« Prenez donc garde à la manière dont vous marchez : non comme des insensés, mais comme des sages, rachetant le temps, car les jours sont mauvais. »*
(Éphésiens 5:15–16)

Dans toute communauté humaine, et plus particulièrement au sein des communautés religieuses, la générosité occupe une place centrale. Donner. Soutenir. Porter les autres à travers les saisons difficiles. Ce n'est pas un supplément moral destiné à sauver les apparences ; c'est une infrastructure civilisationnelle. Là où l'entraide disparaît, les communautés se fissurent. Là où la solidarité s'affaiblit, la force se durcit en domination, et la vulnérabilité se transforme en exclusion.

Disons-le sans détour : une grande partie de ce que font déjà les communautés est juste. Donner soulage la pression. Cela permet à quelqu'un de traverser un moment de crise. Cela répond à l'urgence. Cela rend la fraternité concrète plutôt que théorique. Dans un monde froid et de plus en plus atomisé, la simple capacité de tendre la main demeure inestimable. Elle signale une hiérarchie de valeurs qui mérite d'être préservée.

Mais la sagesse mûre ne s'arrête jamais au premier geste juste. Elle pose calmement la question suivante, sans sentimentalisme ni précipitation : comment cela dure-t-il ?

Le secours n'est pas la construction. L'aide ponctuelle n'est pas l'organisation. L'histoire, biblique comme profane, le montre avec une clarté douloureuse. Les communautés les plus résiliantes ne sont pas celles qui donnent le plus impulsivement, mais celles qui parviennent à transformer l'aide immédiate en structures durables des structures qui produisent, transmettent et restaurent l'indépendance dans le temps. C'est ici que les lois explorées tout au long de ce livre cessent d'être descriptives pour devenir opérationnelles.

Le temps, la croissance progressive, la capitalisation, la diversification ce ne sont pas des abstractions financières réservées aux spécialistes. Ce sont des lois du réel. Elles s'appliquent aux foyers et aux entreprises, aux communautés et aux nations. Elles expliquent pourquoi certains systèmes deviennent robustes quand d'autres restent fragiles, malgré des intentions sincères et une morale irréprochable.

Donner de l'argent à quelqu'un en détresse est souvent nécessaire. Construire un environnement dans lequel cette personne peut apprendre, produire, contribuer et retrouver une place active dans la communauté relève d'un tout autre ordre de réponse. Plus lent. Plus exigeant. Moins gratifiant émotionnellement à court terme. Et infiniment plus digne, pour celui qui donne comme pour celui qui reçoit.

Rien de tout cela ne diminue l'acte de donner. Bien au contraire. Donner demeure biblique, nécessaire et profondément sain. Mais lorsque la générosité est soutenue par la structure plutôt que par l'épuisement, elle ne se réduit pas avec le temps : elle s'étend. Une communauté qui apprend à produire, à transmettre et à croître silencieusement augmente sa capacité à donner et permet à la générosité de s'exprimer non pas une fois, mais de manière répétée, à travers les générations. Parce que la dette est du temps vendu à l'avance, une communauté qui apprend à structurer la libéralité rachète le temps.

C'est à ce point précis que la finance, l'économie, et même l'investissement cessent d'être perçus comme des disciplines suspectes pour réapparaître pour ce qu'ils sont réellement : des instruments de sagesse collective.

Comprendre l'argent, ce n'est pas aimer l'argent. C'est comprendre comment l'énergie du travail humain circule, comment le temps transforme de petites décisions répétées, pourquoi certaines structures appauvrissent silencieusement malgré l'effort, tandis que d'autres créent de la richesse sans brutalité.

À ce stade, une question pratique s'impose naturellement : Je comprends les principes. Que dois-je faire, concrètement, aujourd'hui ?

Supposons un instant que je reparte de votre position. Pas en tant que trader. Pas en tant qu'expert. Simplement comme quelqu'un qui a vu assez pour savoir ce qui ne fonctionne plus, mais pas assez pour prétendre à la certitude.

À ce stade, la théorie a déjà fait son travail. Les lois sont visibles. Les illusions ont été exposées. Ce qui reste n'est pas l'urgence, mais le discernement.

La première étape ne serait pas l'investissement.
Ce serait l'inventaire.

Froid, administratif, presque ennuyeux.

Revenus, dépenses, dettes, leur nature, leur durée, leur coût réel. La plupart des gens vivent sous une pression financière constante sans jamais écrire les chiffres. Le flou gouverne leurs décisions. L'anxiété comble les vides. La clarté, à elle seule, soulage déjà une partie du fardeau.

La dette doit d'abord être clarifiée. Non moralement, mais structurellement. Aucune obligation qui force les décisions. Aucun passif qui dicte le calendrier. La liberté commence lorsque le temps n'est plus vendu à l'avance. Un passif qui finance une compétence, un outil ou un actif productif n'a pas les mêmes conséquences qu'une dette qui ne fait que prolonger le confort du passé dans le présent. Confondre les deux explique pourquoi la dette devient une chaîne pour certains et un levier pour d'autres.

Une fois cette distinction établie, la simplification s'impose.
Les fuites sont colmatées.

Non pour vivre dans le manque, mais pour récupérer de la marge. La marge est une liberté minimale. Sans marge, chaque imprévu devient une crise. Sans marge, la vie se réduit à la réaction. Avec de la marge, le choix revient lentement.

Ce n'est qu'alors que l'épargne entre en jeu non comme une fin, mais comme une réserve stratégique. La liquidité n'est pas la richesse. C'est l'optionalité. Elle achète la patience. Elle empêche les décisions forcées. Cette réserve n'est pas conçue pour le rendement. Elle existe pour protéger les décisions futures contre la pression.

À ce stade, beaucoup pensent être en sécurité. Ils ne le sont pas. Ils ont simplement cessé de saigner. La construction commence ici.

Vient ensuite l'éducation non abstraite, non précipitée. Comprendre comment fonctionne le capital. Comment opèrent les entreprises. Comment le risque se comporte dans le temps. Avant le rendement, la compréhension. Avant la performance, la cohérence. Aucun diplôme n'est requis. Ce qui est requis, c'est une curiosité disciplinée. Une heure concentrée par semaine suffit. Répétée sur des années, cette heure se capitalise avec une efficacité étonnante.

Une heure disciplinée par semaine dépasse un séminaire frénétique par an. La curiosité disciplinée est l'un des actifs les plus robustes qu'un individu puisse posséder.

Ce n'est qu'après cette fondation que l'allocation du capital commence à avoir du sens non pour superforme, mais pour participer. Lentement. Régulièrement. Sans héroïsme. En commençant là où la compréhension existe déjà. Le marché actions peut alors devenir un point d'entrée (il est aujourd'hui extrêmement accessible : aucune excuse). Que choisir en premier ? Non pas des marques à promouvoir, mais les entreprises avec lesquelles vous interagissez quotidiennement. L'alimentation. La technologie. Les services. Les infrastructures.

À ce stade, la propriété cesse d'être abstraite.

Le restaurant où vous retournez sans y penser. L'entreprise derrière le logiciel dont vous dépendez chaque jour. Le réseau, le service, l'infrastructure qui soutiennent silencieusement vos routines. Ce ne sont pas des concepts financiers lointains. Ce sont des entreprises que vous financez déjà en tant que consommateur. Devenir copropriétaire n'est souvent qu'un changement de perspective.

Ce changement compte plus que la plupart ne l'imaginent. La propriété modifie le statut. Vous ne payez plus seulement un prix ; vous participez à une structure. Même de manière modeste, être actionnaire transforme l'attention. Vous lisez différemment. Vous écoutez plus attentivement. Vous posez de meilleures questions.

Il existe aussi des privilèges plus discrets, rarement évoqués. Le droit d'assister aux assemblées d'actionnaires. L'accès à des flux d'information conçus pour les propriétaires plutôt que pour les acheteurs. Parfois un accès anticipé, parfois des produits préférentiels, souvent simplement une vision plus claire de la manière dont les décisions sont prises. Rien de spectaculaire. C'est précisément pour cela que cela fonctionne.

La curiosité commence souvent là non par l'ambition, mais par la proximité. Vous comprenez déjà ce que vous consommez. La propriété vous invite à comprendre comment cela survit, s'adapte et se capitalise dans le temps.

Cette première étape ne concerne pas la performance. Elle concerne l'alignement.

À mesure que la compréhension s'approfondit, la structure s'élargit. La propriété se diversifie. Les fonds propres deviennent la base. Le temps est autorisé à travailler sans interruption. En parallèle, le prêt peut apparaître non l'emprunt. Lorsque les rendements dépassent l'inflation, prêter place le capital du côté le plus solide de l'équation. L'emprunteur sert le temps. Le prêteur l'utilise. Pour ceux que l'intérêt met mal à l'aise, les fonds propres suffisent amplement. L'éthique compte. La structure compte davantage.

Ce n'est que bien plus tard une fois le capital, la discipline et la compréhension solidement établis que l'activité de court terme entre en scène. Ce que l'on appelle habituellement le trading appartient ici. Non comme une nécessité, mais comme une compétence.

Cela commence souvent par des instruments linéaires. Des produits simples. Un risque transparent. Un lien clair entre cause et effet. Des outils qui enseignent l'exposition, le dimensionnement, la patience et la perte. Avec le temps, et seulement si la compétence et le tempérament le permettent, des instruments non linéaires peuvent suivre. Les options. Des structures où le temps, la volatilité et l'asymétrie interagissent. Plus complexes. Potentiellement plus rémunératrices. Aussi moins indulgentes.

Cette progression n'est pas une question de sophistication. Elle est une question d'adéquation. De savoir combien de temps vous pouvez allouer, combien d'incertitude vous pouvez porter, et quels risques vous êtes prêt à louer plutôt qu'à posséder.

Surtout, rien de tout cela n'exige d'abandonner prématurément le travail. L'emploi demeure, tant qu'il a du sens, un stabilisateur. Une source de structure. Un tampon qui empêche le système de devenir fragile. Les portes financières ne sont pas défoncées. Elles sont franchies progressivement, condition après condition.

L'activité entrepreneuriale, en revanche, ne s'arrête jamais vraiment. Les compétences se capitalisent plus vite que l'argent. La compétence crée des asymétries qu'aucun marché ne peut effacer. Au début, ces compétences peuvent générer des revenus annexes modestes. Rien de spectaculaire. Mais elles diversifient l'exposition. Elles créent des options. Elles réduisent la dépendance à un seul salaire.

Ici, le temps devient décisif. Plus tôt ces habitudes sont construites, plus longtemps elles opèrent silencieusement en arrière-plan. Un jeune individu qui investit peu mais tôt détient un avantage mathématique décisif sur quelqu'un qui investit beaucoup mais tard. Les intérêts composés ne négocient pas. Ils amplifient.

La dette elle-même n'a pas à être rejetée catégoriquement. Elle doit être différée stratégiquement. Emprunter n'a de sens que lorsque la diversification existe, que la liberté est préservée, et que l'effet de levier sert la production plutôt que le confort. Si l'effet de levier est utilisé, il doit d'abord viser l'entreprise, non la consommation personnelle. Le profil de gain d'une entreprise est asymétrique. Potentiellement illimité. Le logement, à l'inverse, concentre souvent le risque pour un potentiel de hausse limité. Sa place peut venir plus tard, lorsque le timing est choisi, et non imposé.

Ce n'est pas de la peur.
C'est de la séquence.

La liberté ne se construit pas en évitant indéfiniment le risque, mais en décidant quand le risque est autorisé à entrer dans le système.

Avec le temps, le travail change de rôle. Il reste important, mais il n'est plus existentiel. L'urgence desserre son emprise. Les compromis deviennent optionnels. Le choix réapparaît.

L'argent cesse d'être une source d'angoisse.
Il devient un levier.

Et la communauté elle-même évolue. Elle cesse d'être un simple lieu d'assistance récurrente et de pression morale latente. Elle devient un lieu de production, de transmission et de création.

C'est ainsi que le soutien mûrit. Il ne disparaît pas. Il grandit. Il passe de la réparation à la construction, du sauvetage à la structure, de la générosité isolée à la création de valeur partagée.

Cette dynamique ne dépend ni de la religion, ni de la nationalité, ni de l'idéologie. Elle repose sur des lois qui survivent aux systèmes. Certains les appellent économiques. D'autres naturelles. D'autres spirituelles. Moi, je les appelle YHWH. Au final, elles opèrent quoi qu'il arrive.

Ce livre les a simplement abordées sous plusieurs angles : le temps, le risque, la croissance, l'érosion, la transmission. Respectez-les, et vous pouvez bâtir sans écraser. Ignorez-les même avec des intentions nobles et vous épuiserez souvent votre force pour peu de résultats.

Les premiers pas restent modestes. Presque invisibles. Mais ils sont alignés. Et dans un monde gouverné par le temps, la direction.

CHAPITRE 11 : LA PORTE ÉTROITE, CHOISIE PAR PEU

Verset : *« Si vous savez ces choses, vous êtes heureux, pourvu que vous les mettiez en pratique. »*
(Jean 13:17)

Jusqu'ici, vous avez lu des récits. Des paraboles non destinées à vous convaincre, mais à révéler des trajectoires. Elles n'exigeaient rien de vous. Elles exposaient simplement des lois, des choix et des conséquences. À partir d'ici, il ne s'agit plus de comprendre. Il s'agit de choisir.

Un savoir qui ne transforme pas devient une illusion de plus. Il rassure. Il ne libère pas. Beaucoup savent. Peu appliquent. Cet écart est une cage.

Ce livre n'a jamais eu pour but de vous pousser à quitter votre emploi, de glorifier l'investissement ou de diaboliser la dette. L'objectif est plus exigeant : vous aider à voir clair.

Car le monde fonctionne selon des lois.
Et l'homme qui ignore les lois finit toujours par être

gouverné par elles. Ce n'est pas non plus du conseil financier/d'investissement, mais une approche biblique qui s'applique avec pédagogie et pragmatisme dans l'organisation de vos finances si vous souhaitez racheter le temps.

Ce que vous savez désormais

Vous savez que la stabilité n'est pas la sécurité.
Un salaire régulier peut masquer une fragilité profonde.
L'épargne inactive n'est pas neutre face au temps.
La dette peut être un levier ou une prison.
Le temps est la variable la plus puissante de toutes.
Les intérêts composés sont une loi, pas une opinion.
La diversification est de la sagesse avant d'être une stratégie.
La vraie liberté est la capacité de choisir.

Vous savez aussi que vendre son temps, sa compétence ou son image n'est pas mauvais en soi. Le danger commence lorsque ces choix sont dictés par la peur, l'ignorance ou l'illusion de la sécurité.

Dix questions de discernement

Ne répondez pas vite.
Répondez honnêtement.

Si votre revenu principal s'arrêtait demain, combien de temps tiendriez-vous ?
Combien de sources de revenus réelles avez-vous aujourd'hui ?
Votre épargne travaille-t-elle ou s'érode-t-elle silencieusement ?
Comprenez-vous réellement où votre argent est placé et

pourquoi ?
Le temps est-il votre allié ou votre angle mort ?
Vos dettes construisent-elles votre avenir ou soutiennent-elles seulement votre présent ?
Si votre emploi devenait optionnel, resteriez-vous pour les mêmes raisons ?
Avez-vous autant investi dans vos compétences que dans votre confort ?
Votre mode de vie vous laisse-t-il du temps pour penser et apprendre ?
Si vous restez exactement sur cette trajectoire pendant dix ans, où serez-vous ?

Ces questions ne condamnent pas.
Elles révèlent.

Trois erreurs à éviter

Confondre stabilité et sécurité
la stabilité est une photo, la sécurité est une architecture.

Attendre le « bon moment »
le temps est la seule ressource que l'on ne récupère jamais.

Tout bâtir sur un seul pilier
un pilier peut tenir longtemps… jusqu'au jour où il cède.

Trois principes non négociables

Comprendre les lois avant de jouer avec elles.
Ne jamais dépendre d'une seule source.
Mettre le temps au service de vos décisions.

Le véritable héritage

L'héritage le plus précieux n'est pas le capital.
C'est la compréhension.

Les actifs peuvent disparaître.
La sagesse traverse les générations.

CONCLUSION

Il existe un moment précis où la connaissance cesse d'être neutre. Un moment où comprendre devient une responsabilité.

Vous l'avez franchi.

À partir d'ici, vous ne pouvez plus dire que vous ne saviez pas.

Vous savez que le temps n'est pas linéaire.
Vous savez que l'argent obéit à des lois, pas à des intentions.
Vous savez que la dette n'est ni morale ni immorale : elle est asymétrique. Vous savez que l'épargne inactive s'érode. Vous savez que la concentration accroît la fragilité et que la diversification protège.
Vous savez que l'ignorance coûte plus cher que le risque.

Cette connaissance ne vous rend pas supérieur.
Elle vous rend responsable de vos choix.

Le monde continuera d'avancer. Les salaires tomberont. Les crédits seront proposés. Les récits de réussite fulgurante circuleront. Les crises surgiront sans prévenir. Rien ne s'arrête parce que vous avez lu ce livre. Les lois demeurent. Elles ne s'ajustent pas à nos croyances.

Ce qui peut changer, c'est votre posture.

Vous pouvez continuer à vendre votre temps sans stratégie, à contracter des dettes sans vision, à espérer sans structure. Beaucoup le font. Ce n'est pas un échec moral. C'est une reddition silencieuse. Une vie vécue en réaction plutôt qu'en construction.

Ou vous pouvez décider autre chose.

Décider de ne plus confondre sécurité et immobilité.
Décider de bâtir lentement, mais solidement.
Décider de comprendre avant d'agir, et d'agir sans précipitation.
Décider de ne pas transmettre vos peurs comme héritage.

La liberté financière n'est pas un état de richesse.
C'est un état d'absence de panique.

C'est la capacité de dire non quand les autres ne le peuvent pas.
D'attendre quand les autres doivent courir.
De transmettre quand les autres consomment ce qu'ils n'ont pas encore gagné.

Elle ne vous libère pas du travail.
Elle vous libère de l'urgence.

Et c'est précisément ce que les systèmes redoutent : des hommes et des femmes qui ne sont plus pressés, plus facilement manipulables, plus captifs des échéances mensuelles.

Avec le temps, vous réaliserez peut-être que ce livre ne parlait pas vraiment d'argent. Il parlait de souveraineté intérieure. De la capacité à tenir droit dans un monde instable. De la clarté nécessaire pour éviter les mirages modernes.

L'homme sage n'est pas celui qui accumule.
C'est celui qui ordonne.

Il ordonne son temps.
Il ordonne ses risques.
Il ordonne ses priorités.
Et surtout, il ordonne ce qu'il transmet.

Car au final, ce ne sont pas vos chiffres qui parleront pour vous. Ce sont les trajectoires que vous aurez rendues possibles.

Si ce livre doit laisser une trace, que ce soit celle-ci :
la liberté ne commence pas quand vous gagnez plus.
Elle commence quand vous comprenez enfin.

À partir de là, tout devient possible.

La liberté financière de long terme se construit rarement par des gestes spectaculaires. Elle se bâtit par une séquence juste, répétée patiemment, pendant que personne ne regarde.

LEXIQUE FINANCIER SIMPLE

Ce qui suit ne remplace pas la responsabilité.

Aucun lexique, aucun livre, aucun mentor ne peut remplacer le travail que chacun doit accomplir pour lui-même : regarder sa situation avec honnêteté, apprendre avec patience, et approfondir sa compréhension avec le temps. La culture financière n'est pas une destination. C'est une discipline qui ne se termine jamais vraiment.

Avant les concepts, avant les marchés, avant les stratégies, il faut une pause.

Un inventaire.

Revenus.
Dépenses.
Dettes.
Leur nature.

Leur durée.
Leur coût réel.

La plupart des confusions naissent quand tout est mélangé. Des dépenses du quotidien traitées comme des investissements. Le confort confondu avec la nécessité. Des engagements long terme pris sans comprendre le temps qu'ils consomment en silence.

Dans cette phase initiale, la simplification compte plus que l'optimisation. Réduire la pression inutile produit souvent plus de liberté que de courir après un revenu supplémentaire. Dans beaucoup de cas, cela signifie réduire la dette parfois l'éliminer entièrement surtout la dette liée à la pure consommation : acheter un téléphone à crédit, financer des vêtements, prolonger un style de vie par des échéances. Ces dettes construisent rarement une capacité. Elles empruntent surtout la paix au futur.

Cette période exige souvent de la retenue. Parfois du sacrifice. Pas pour toujours. Pas comme une idéologie. Mais comme une discipline temporaire pour restaurer la clarté.

Plus tard, quand la compréhension grandit et que la structure se stabilise, la dette peut réapparaître sous d'autres formes, pour d'autres objectifs. La question n'est jamais de savoir si la dette est « bonne » ou « mauvaise » en absolu. La question est : est-elle comprise, séquencée, et contenue ? Ce qui détruit les systèmes, ce n'est pas la dette en elle-même, c'est la confusion.

Rien ici n'a vocation à imposer un chemin unique. Les trajectoires financières sont personnelles. La tolérance au risque est subjective. Le timing diffère. Ce qui compte n'est pas l'imitation, mais la cohérence.

Le but du lexique qui suit est donc modeste.

Il existe pour dissiper un brouillard inutile.
Pour donner des noms à des forces déjà à l'œuvre.
Pour permettre aux lecteurs peu familiers de la finance ou de l'économie de suivre le raisonnement de ce livre sans être exclus.

C'est une introduction, pas une conclusion.

La responsabilité d'aller plus loin vous appartient.

DEFINITIONS SIMPLES

Capital
Le capital, c'est de l'effort stocké. Du travail mis de côté pour être utilisé plus tard. L'argent, les compétences, les outils et les relations peuvent devenir du capital s'ils permettent de produire demain.

Revenu
Le revenu, c'est l'argent reçu au fil du temps. Il peut venir du travail, de la propriété ou du prêt. Le revenu seul ne crée pas la liberté ; c'est ce qui reste après les dépenses qui la crée.

Dépenses
Les dépenses sont des sorties récurrentes. Certaines maintiennent la vie. D'autres ne maintiennent que des habitudes. Savoir distinguer les deux change tout.

Pouvoir d'achat
Le pouvoir d'achat, c'est ce que votre argent peut réellement acheter. Quand les prix montent plus vite que vos revenus, votre pouvoir d'achat baisse — même si le chiffre sur votre compte reste identique.

Coût d'opportunité
Le coût d'opportunité, c'est ce à quoi vous renoncez en choisissant une voie plutôt qu'une autre. Dire oui à une dépense revient souvent à dire non à une flexibilité future.

Rendement
Le rendement, c'est ce que vous gagnez par rapport à ce que vous avez engagé. Le temps influence toujours le rendement. Un petit rendement sur une longue durée peut dépasser un gros rendement sur une courte période.

Rendement réel
Le rendement réel, c'est le rendement après inflation. Un gain qui ne dépasse pas l'inflation n'est pas de la croissance ; au mieux, c'est de la préservation.

Valeur nominale
La valeur nominale, c'est le chiffre que vous voyez. Elle ne tient pas compte de l'inflation, des impôts ou du temps. La valeur réelle, si.

Exposition
L'exposition, c'est la part de votre avenir qui dépend d'un seul résultat. Une forte exposition paraît efficace… jusqu'au jour où elle casse.

Actif
Un actif est quelque chose qui produit de la valeur dans le temps. Cela peut être de l'argent, un revenu, ou une utilité. Une entreprise, un bien locatif ou une compétence productive peuvent être des actifs. L'important n'est pas le prix, mais la capacité à contribuer dans la durée.

Passif
Un passif est quelque chose qui exige un effort futur ou

de l'argent pour être maintenu : un prêt, une dépense récurrente, une obligation qui consomme un revenu futur. Certains passifs sont stratégiques. Beaucoup ne le sont pas.

Flux de trésorerie (cash flow)

Le cash flow, c'est ce qui reste après avoir payé les dépenses. Le revenu seul n'est pas un cash flow. Deux personnes peuvent gagner le même salaire et vivre des réalités financières totalement différentes selon ce qu'il reste à la fin du mois.

Dette

La dette, c'est du temps emprunté. Elle donne accès à quelque chose maintenant en échange d'un effort futur. Utilisée sans compréhension, elle asservit. Utilisée volontairement, elle amplifie. C'est la confusion qui la rend dangereuse.

Intérêt

L'intérêt est le coût d'utiliser l'argent de quelqu'un d'autre ou la récompense de prêter le vôtre. C'est le temps exprimé en chiffres. Sur de longues périodes, l'intérêt domine les résultats.

Intérêts composés

Les intérêts composés, c'est de la croissance sur de la croissance. De petites sommes répétées dans le temps peuvent surpasser de grandes sommes placées trop tard. Ils agissent silencieusement, dans les deux sens : ils construisent ou ils érodent.

Inflation

L'inflation, c'est la perte progressive de pouvoir d'achat. Quand les prix montent, le même argent achète moins. Cela ne semble presque jamais dramatique, mais sur des années, cela remodèle tout. CONCEPT TRÈS

IMPORTANT lié aux taux d'intérêt : « le prix de l'argent ».

Volatilité
La volatilité, c'est le mouvement. Quand les prix bougent beaucoup, la volatilité est élevée. Quand ils bougent peu, elle est faible. La volatilité semble dangereuse, mais ce n'est pas la même chose que la perte. C'est du bruit, pas forcément des dégâts.

Risque
Le risque n'est pas la fluctuation. Le risque, c'est la perte permanente. Le danger n'est pas que les prix bougent, mais que le capital ne puisse pas se rétablir.

Diversification
Diversifier, c'est ne pas dépendre d'une seule source : plusieurs revenus, plusieurs actifs, plusieurs compétences. Elle réduit la fragilité en répartissant l'exposition.

Liquidité
La liquidité, c'est la facilité avec laquelle quelque chose peut être transformé en cash. Le cash est totalement liquide. Une maison ou une entreprise ne l'est pas. La liquidité apporte de la flexibilité, pas forcément du rendement.

Marge
La marge, c'est l'air pour respirer. Une marge financière, c'est de l'espace pour absorber les chocs sans paniquer. Sans marge, chaque surprise devient une crise.

Rendement courant (yield)
Le yield, c'est ce qu'un actif produit par rapport à sa taille : revenu relatif au capital. Le yield compte, mais seulement si le risque et la durabilité sont compris.

Propriété (fonds propres / equity)
La propriété, c'est avoir un droit sur quelque chose de productif. Posséder une partie d'une entreprise, c'est participer à ses succès et à ses échecs.

Horizon de temps
L'horizon de temps, c'est la durée pendant laquelle vous pouvez attendre. Les horizons courts favorisent la prudence. Les horizons longs permettent la capitalisation. Beaucoup d'erreurs viennent du fait d'agir avec un horizon court en croyant qu'il est long.

Optionalité
L'optionalité, c'est la capacité de choisir plus tard. Le cash, les compétences et la flexibilité augmentent l'optionalité. La dette et les structures rigides la réduisent.

Fragilité
Un système fragile casse sous le stress. Une vie dépendante d'un seul revenu, d'un seul employeur ou d'un seul résultat est fragile.

Robustesse
Les systèmes robustes survivent aux chocs. Ils ne croissent pas toujours vite, mais ils tiennent.

Anti-fragilité
Certains systèmes s'améliorent sous le stress. L'apprentissage, l'expérience et une exposition bien structurée peuvent bénéficier de la volatilité plutôt que la craindre.

Effet de levier (leverage)
L'effet de levier, c'est utiliser des ressources empruntées pour amplifier les résultats. Il amplifie les gains comme les pertes. Sans structure, il détruit. Avec discipline, il accélère.

Coussin (buffer)
Un buffer, c'est de la marge stockée. Il absorbe les chocs pour que les décisions ne soient pas prises sous pression. Un coussin protège le jugement.

Drawdown
Un drawdown, c'est une baisse par rapport à un sommet précédent. Se relever de gros drawdowns exige un effort disproportionné.

Asymétrie
L'asymétrie signifie que les résultats ne sont pas équilibrés. Certains risques ont un downside limité et un upside élevé. D'autres paraissent petits mais cachent une perte catastrophique.

Risque de baisse (downside risk)
Le downside, c'est jusqu'où les choses peuvent se dégrader quand elles tournent mal. Toujours le mesurer avant de regarder l'upside.

Potentiel de hausse (upside)
L'upside, c'est le gain possible si tout se passe bien. Il ne compte que si la survie est assurée.

Valeur temps de l'argent
Un euro aujourd'hui vaut plus qu'un euro demain. Le temps récompense ceux qui agissent tôt.

ACTIONS & ENTREPRISES

Action (stock)
Une action est une part de propriété dans une entreprise. Quand vous achetez une action, vous devenez copropriétaire pas un joueur devant un écran.

Actionnaire
Un actionnaire possède une partie d'une société. La propriété s'accompagne de droits et de responsabilités, même si on les ignore souvent.

Prix de marché
Le prix de marché, c'est ce que les autres sont prêts à payer maintenant. Il reflète l'opinion, l'émotion et la liquidité pas nécessairement la valeur.

Bénéfices (earnings)
Les bénéfices, c'est ce que l'entreprise gagne après ses coûts. Une entreprise incapable de générer des bénéfices dans le temps ne peut pas survivre.

Bénéfice par action (BPA / EPS)
Le BPA indique quelle part du profit revient à chaque action. Il relie l'entreprise à l'actionnaire.

Chiffre d'affaires (revenue)
Le chiffre d'affaires, c'est le total des ventes. Il montre l'activité, pas la rentabilité. Du chiffre d'affaires sans bénéfices, c'est du mouvement sans progrès.

Marge bénéficiaire
La marge montre quelle part du chiffre d'affaires devient profit. Des marges solides indiquent un pouvoir de fixation des prix et une bonne efficacité.

Flux de trésorerie disponible (free cash flow / FCF)
Le FCF, c'est le cash qui reste une fois l'exploitation et la maintenance payées. C'est l'argent qui peut être réinvesti, conservé ou rendu aux propriétaires. Les profits peuvent être comptables. Le cash est réel.

Cash flow vs bénéfices
Les bénéfices peuvent être influencés par la comptabilité. Le cash flow est plus difficile à maquiller. Les investisseurs long terme surveillent le cash.

Dividende
Un dividende, c'est du cash versé aux actionnaires. C'est un signe que l'entreprise produit plus que ce dont elle a besoin pour survivre.

Rendement du dividende
Le rendement du dividende montre combien une action verse en revenu par rapport à son prix. Un rendement élevé sans durabilité est un signal d'alerte.

Valorisation
La valorisation, c'est la relation entre le prix et la réalité. Une grande entreprise peut être un mauvais investissement si le prix est trop élevé.

Ratio cours/bénéfice (P/E)
Le P/E compare le prix aux bénéfices. Un P/E élevé signifie des attentes élevées. Et les attentes sont fragiles.

Valeur comptable (book value)
La valeur comptable représente ce qui resterait si l'entreprise vendait tout et payait ses dettes. C'est un plancher, pas une promesse.

Bilan (balance sheet)
Le bilan montre ce que l'entreprise possède et ce qu'elle doit. Les bilans solides survivent aux tempêtes.

Dette/fonds propres (debt-to-equity)
Mesure la dépendance d'une entreprise à l'argent emprunté. Trop de dette réduit la résilience.

Modèle économique (business model)
Le modèle économique explique comment l'argent est gagné. Si vous ne pouvez pas l'expliquer simplement, c'est que vous ne le comprenez pas.

Allocation du capital
L'allocation du capital, c'est la manière dont la direction utilise les profits : réinvestir, rembourser la dette, acquérir, ou rendre du cash aux propriétaires. Une mauvaise allocation détruit de bonnes entreprises.

Croissance des bénéfices
La croissance signifie que les profits augmentent dans le temps. Une croissance sans cash flow est fragile.

Indice (index)
Un indice regroupe de nombreuses entreprises. Il réduit le risque individuel, mais supprime le choix.

CONTACT

E-mail : contact@thetradersgospel.com
Site : https://thetradersgospel.com

Made in the USA
Monee, IL
05 November 2026

67808946R00069